KB054126

2017
다보스 리포트

2017 다보스 리포트

대혼돈의 시대 '신세계 무질서'

초판 1쇄 발행 2017년 4월 1일
초판 2쇄 발행 2017년 4월 28일

지은이 박봉권 노영우 박용범 이덕주
감수 위정환
펴낸이 전호림
책임편집 강현호
마케팅 · 홍보 강동균 박태규 김혜원

펴낸곳 매경출판㈜
등 록 2003년 4월 24일(No. 2-3759)
주 소 (04557) 서울시 중구 충무로 2(필동1가) 매일경제 별관 2층 매경출판㈜
홈페이지 www.mkbook.co.kr **페이스북** facebook.com/maekyung1
전 화 02)2000-2630(기획편집) 02)2000-2636(마케팅) 02)2000-2606(구입 문의)
팩 스 02)2000-2609 **이메일** publish@mk.co.kr
인쇄 · 제본 ㈜M-print 031)8071-0961
ISBN 979-11-5542-640-1(03320)

책값은 뒤표지에 있습니다.
파본은 구입하신 서점에서 교환해 드립니다.

DAVOS REPORT

2017
다보스리포트

대혼돈의 시대 '신세계 무질서'

박봉권·노영우·박용범·이덕주 지음 위정환 감수

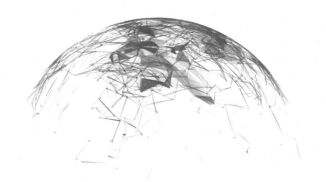

매일경제신문사

세계화에 대한 대중의 반감을 보여 주는 포퓰리즘 광풍, 트럼프발 자국우선·보호무역주의와 시대착오적인 신고립주의로 전 세계가 변곡점에 섰다. 예기치 못한 트럼프의 등장, 브렉시트 결정은 기존 세계 질서의 붕괴와 새판 짜기를 예고한다.

트럼프는 '슈퍼 파워' 미국의 글로벌 리더 역할 대신 국수주의적 행보를 강화하고 있다. 이민을 통제하고 주요 무역상대국과의 마찰을 감수하면서까지 기존 무역협정을 미국에 유리한 쪽으로 바꿔 놓으려 하고 있다. 환율조작국 지정이라는 으름장을 놓으며 대미 무역흑자국과 통화 전쟁도 불사하겠다는 입장이다. 트럼프가 보호주의 장벽을 높이 치면 칠수록 상대국의 무역보복 수위도 높아질 수밖에 없다. 트럼프발 글로벌 경제 불확실성은 다보스포럼 참석자들의 커다란 걱정이었다.

경제뿐만 아니다. 트럼프는 동맹국 안보 지원과 대외 원조는 줄이고 국방비는 확 늘리는 등 '근육질' 미국의 힘을 키우는 데 초점을 맞추고 있다. 또 트럼프는 미국의 주적 러시아와 밀월 관계를 유지하면서 서방 세계를 당혹스럽게 만들고 있다. 이 같은 트럼프의 좌충우돌식 정책으로 미국에 대한 신뢰가 훼손될 수 있다는 경고가 끊이지 않고 있다. 유럽은 EU유럽연합 체제 유지라는 발등의 불 때문에 외부로 눈을 돌릴 겨를이 없다. 하드 브렉시트 가능성이 점증하면서 EU 균열 가능성이 커지고 있기 때문이다.

이 같은 글로벌 리더십 공백을 틈타 중국과 러시아가 호시탐탐 패권 확장을 노리고 있다. 중국은 남중국해 패권을 놓고 미국과 군사적으로 팽팽히 맞서고 있다. 패권 확장에 나선 러시아는 2016년 해킹으로 미국 대선에 개입한 데 이어 유럽에서도 친푸틴 성향의 정치인들을 지원하기 위해 가짜 뉴스를 양산하고 해킹을 노골화하고 있다는 의혹을 사고 있다.

2008년 9월 촉발된 글로벌 금융 위기를 어느 정도 극복하면서 경제 회복 기대감이 커지고 있지만 글로벌 리더십 공백으로 전 세계 정치·경제·사회 등 모든 분야에서 불확실성이 확대되고 혼란스러운 '신세계 무질서New World Disorder' 상황이 연출될 것이라는 우려가 커지는 배경이다.

지난 1월 17일부터 나흘간 스위스 스키 휴양지 다보스에서 열린 세계경제포럼WEF, 다보스포럼 현장 분위기가 그랬다. 트럼프 리스크와 함께 신세계 무질서가 초래할 메가톤급 대혼란에 대한 걱정이 넘쳐 났다. 세계경제포럼이 '소통과 책임 리더십Responsive and Responsible Leadership'을 화두로 꺼내 든 것은 이 때문이다.

정치적 포퓰리즘을 배격하는 한편 반세계화 불씨가 된 양극화를 완화하고 무너진 사회 모빌리티계층 이동 사다리를 다시 제자리에 갖다 놓으려면 대중의 목소리에 귀를 기울여 즉각 대응에 나서는 소통의 리더십이 필요하다. 또 일단 내린 결정을 실행에 옮기고 결과에 대해 책임을 지는 리더십이 한층 더 중요해졌다는 공감대가 다보스포럼 현장에서 형성됐다.

4차 산업혁명 시대에도 소통과 책임의 리더십은 꼭 필요하다. 4차 산업혁명 시대를 맞아 로봇에게 일자리를 빼앗기는 노동시장의 혁명적인 변화를 코앞에 둔 상태에서 유연한 대응과 책임지는 리더십에 대한 필요성은 더 커질 수밖에 없다.

클라우스 슈밥 다보스포럼 창립자 겸 회장은 "기술혁신이 가파르게 진행되면서 기존 질서를 허물고 고용 시장에도 큰 변혁을 몰고 올 4차 산업혁명 시대에 리더들이 대비해야 한다"며 "선제적으로 거대한 기술 발전에 따른 기회를 극대화할 수 있는 틀을 만들어야 한다"고 주문했다.

사회적 격차가 심화되는 데 따른 소외 계층과 사회적 약자의 불만을 생산적인 방향으로 해소할 수 있도록 포용적 성장을 이끌 수 있는 리더십도 중요하다.

이 같은 포퓰리즘, 보호무역주의, 고립주의, 국수주의, 트럼프 리스크와 이에 따른 지정학적 혼란과 신세계 무질서에 대한 우려, 4차 산업혁명 본격화와 소통과 책임 리더십 등 2017년 다보스포럼 핵심 화두를 정리한《2017 다보스 리포트: 대혼돈의 시대 '신세계 무질서'》는 5부로 구성돼 있다.

1부 '신세계 무질서'는 글로벌 리더십 공백이 초래하는 혼란상을 조망한다. 포럼 현장에서는 트럼프 리스크 현실화에 대한 우려가 적지 않았다. 자유무역의 기수였던 미국이 트럼프 당선 후 신고립주의 기조를 강화하고 있기 때문이다. 실제로 트럼프는 반이민 행정명령 등을 앞세워 미국 내 분열과 편가르기를 조장하는 모습이다. 비판적인 언론에 재갈을 물리는 조치도 서슴지 않는 등 반민주적 행태를 보이고 있다.

조지 소로스 소로스펀드 회장은 이 같은 사태를 예견한 듯 포럼 현장에서 트럼프가 독재자가 될 수 있다고 경고했다. 미국 내에서 "트럼프는 내 대통령이 아니다"라는 시위가 끊이지 않고 있고 취임 초 기준으로 역사상 가장 낮은 지지율을 받고 있는 게 트럼프의 현주소다. 그럼에도 독불장군식 의사결정을 고수하면서 시장 불확실성을 높이고 있는 트럼프가 1부 화두다.

G2에서 G1으로의 부상을 꿈꾸는 중국의 야심도 분석한다. 시진 핑 중국 국가주석은 현직 국가주석으로는 처음으로 다보스포럼에 참석, "미국이 보호무역이라는 어두운 방에 갇혔다"고 트럼프를 질

타했다. 오랫동안 미국 등 서방국가들로부터 규제와 비관세 장벽을 쌓고 있다는 비판을 받은 중국 시진핑 주석이 자유무역 챔피언을 자처하는 모습 자체가 아이러니하면서도 글로벌 경제 지도의 새판 짜기가 시작됐다는 평가가 포럼 현장에서 흘러나왔다.

시 주석은 이처럼 다보스에서 자유무역을 주창했지만 한국에서는 사드 배치를 문제 삼아 한국 관광을 금지하고 한국 기업에 대한 전방위적인 압박을 강화하는 등 이율배반적인 행동을 하고 있다. 자국우선주의를 외치는 트럼프 못지않게 중국이 주도하는 원칙 없는 세계 질서에 대한 두려움이 커지는 배경이다. 왜 포퓰리즘이 확산되는지, 그리고 하드 브렉시트 가능성과 그 후폭풍도 1부에서 다뤄진다.

2부는 '트럼프 탠트럼 & 포퓰리즘'이다. 트럼프의 대중영합적인 경제 정책이 전 세계 경제를 발작탠트럼 상태에 몰아갈 수 있다는 걱정을 담고 있다. 포럼 현장에서 크리스틴 라가르드 IMF국제통화기금 총재는 IMF가 수년 만에 처음으로 2017년과 2018년 경기 전망을 하향 조정하지 않았다는 점을 강조했다. 많은 글로벌 빅샷들도 2017년 글로벌 경제를 긍정적으로 바라봤다. 하지만 이 같은 기대에는 트럼프 등 대중영합적인 정치 리스크가 현실화되지 않는다는 전제가 달렸다.

당장은 감세, 인프라 확대, 규제 완화 등을 약속한 트럼프노믹스 기대감으로 2017년 초 시장은 랠리를 이어 갔다. 하지만 트럼프노믹스가 사상누각이라는 점을 인식하기 시작하면 글로벌 경제가 넘기 힘든 장애물에 직면하게 될 것이라는 전망이 적지 않았다.

특히 재정 투입을 통한 경기 부양책이 재정 적자를 키우고 금리 인상을 부추겨 달러 강세로 연결되면 무역 적자도 눈덩이처럼 커지면서 지난 1980년대 레이건 시대 때처럼 쌍둥이 적자가 현실이 될 수 있다는 경고다. 래리 서머스 전 미국 재무부 장관은 국경장벽 건설과 압박으로 인해 멕시코 페소화가 급락하고 달러가 강세로 가면 오하이오 주 등 제조업 중심지 근로자들의 등에 칼을 꽂는 격이 될 것이라고 일갈하기도 했다.

달러 강세가 심화되면 인위적인 달러 약세를 유도하기 위한 제2의 플라자 합의를 몰아붙이거나 무역흑자국을 상대로 통화 전쟁이 벌어질 수도 있다. 트럼프발 재정 부양책과 감세 정책에 따른 장기 금리 상승과 보호무역주의는 아직도 저성장에 허덕이는 신흥국 경제에도 심각한 도전이다.

초강력 은행 규제 법안 도드-프랭크 법안 완화 논란도 다룬다. 자본주의 성장 과실이 얼마나 많은 사람들에게 돌아가는지를 보여 주는 포용적 성장의 중요성과 함께 글로벌 베스트셀러《정의란 무엇인가》의 저자 마이클 샌델 하버드대 교수의 불평등론도 함께 실었다.

2016년 다보스포럼 화두였던 4차 산업혁명은 2017년 포럼에서도 집중적으로 다뤄졌다. 3부 '4IR 시대'와 4부 '4IR 시대 생존 리더십'이 바로 4차 산업혁명에 대한 이야기다.

3부 '4IR 시대'는 이미 현실이 된 4차 산업혁명을 다룬다. 2017년 다보스포럼에서는 2016년에 비해 더 구체적이고 심층적인 4차 산업혁명과 관련된 세션이 많이 마련됐다. 포럼 현장에 인간과 감정까지 나누는 AI인공지능까지 등장하는 등 4차 산업혁명 총아인 AI 진화가 많은 관심을 끌었다. 기술 변혁 속도를 따라가기 힘들 정도여서 이제는 얼마나 변화를 잘 따라가는지가 기업과 국가 경쟁력을 좌우할 것이라는 분석이다. 4차 산업혁명의 가파른 확산에 따라 이제 사람들이 일을 할 필요가 없는 시대에 대비하자는 이야기도 나왔다.

세계경제포럼 사무국도 4차 산업혁명의 거대한 물결에 뛰어들었다. 2017년 2월 IT 혁신의 메카 샌프란시스코에 4차 산업혁명을 의미하는 4IR센터The 4th Industrial Revolution Center를 오픈했다. 4차 산업혁명은 국경을 초월한다. 포럼 현장에서 현대자동차 등 수소에너지를 활용하는 글로벌 13개 업체가 동맹을 결성하기도 했다. 미래차 글로벌 연합군이 뜬 것이다.

마윈 알리바바 회장의 꿈과 IBM 여제 지니 로메티의 인사이트, 중국의 4차 산업혁명을 이끄는 장야친 바이두 미래사업 담당 총재 인터뷰도 실려 있다. 장 총재는 스마트폰 다음으로 혁명을 일으킬 플랫폼으로 자율주행차를 꼽았다.

4부는 '4IR 시대 생존 리더십'이다. 4IR 시대 도래는 노동시장의 근본적 변혁을 가져온다. AI로 무장한 로봇이 인간의 일자리를 대체하고 또 4IR 시대에 맞는 새로운 일자리가 만들어진다. 4IR 시대에는 화이트·블루칼라 외에 뉴 칼라New Collar 계급이 생겨난다. 여기서 말하는 뉴 칼라 계급은 학력에 관계없이 4차 산업혁명 시대에 가장 잘 적응할 수 있는 근로자를 말한다.

거대 기업 IBM을 이끄는 지니 로메티 회장은 "4차 산업혁명 시대는 이전보다 단순히 발전된 단계가 아니라 완전히 새로운 시대의 개막"이라며 "미국을 비롯해 세계 각국과 4년 고교 과정을 6년으로 늘려 인공지능 경제에 걸맞은 기술과 지식을 배울 수 있는 커리큘럼을 구축할 필요가 있다"고 강조했다. 4IR 시대를 준비하려면 교육 인프라를 확충, 교육을 강화해야 한다는 주문이다.

4차 산업혁명과 AI 부상으로 많은 사람들이 일자리를 잃을 수 있는 4IR 시대에는 리더십 중요성이 더 커진다. 4IR 시대에는 수직적인 의사결정 구조가 맞지 않는다. 개별 분야 발전이 아니라 광범위한 협업이 성공의 필수 요소가 된다. 수평적인 시각에서 시스템 전체를 볼 수 있는 4IR 리더십이 필요한 이유다.

세계적인 컨설팅 업체 맥킨지앤드컴퍼니 도미니크 바튼 회장이 주창한 대담한 리더십에 대한 이야기도 접할 수 있다. 바튼 회장은 "대중이 좀 더 용감하고 대담한 리더십을 갈구하는 새로운 시대로 확 바뀌었다"고 강조했다.

5부는 '4IR발 변곡점 맞은 세계'에 대한 이야기다. 다보스포럼 현장에서 가진 국내 참가자 좌담회와 포럼에 참석한 주형환 산업통상자원부 장관, 원희룡 제주도지사, 김영훈 대성그룹 회장 기고를 실었다.

대외적으로 혼란의 시기다. 새로운 질서가 자리를 잡으려면 어느 정도 혼란과 혼선은 불가피하다. 다보스포럼 현장에서 기대와 우려가 엇갈렸던 것도 이 같은 전환기적 상황이 반영된 결과다. 앞으로도 당분간 글로벌 질서는 요동을 칠 것이다. 다양한 이슈와 논란 거리가 이어질 것이다.

《2017 다보스 리포트: 대혼돈의 시대 '신세계 무질서'》는 앞으로 세계가 접할 커다란 도전 과제의 일면을 보여 준다. 명확한 해법은 없지만 어떤 돌발 변수가 우리 앞길을 막고 나설지에 대한 대강의 생각을 정리할 수 있는 책이다. 모쪼록 독자 여러분이 글로벌 이슈를 커다란 시야로 바라보는 데 도움이 되기를 바란다.

책이 나오는 데 큰 도움을 준 〈매일경제〉 국제부 박의명, 김하경 기자와 지식부 윤선영, 조예진, 장지현 연구원에게 감사의 말씀을 올린다. 위정환 지식부장은 꼼꼼한 감수로 글의 가치를 높여 줬다.

공동저자
박봉권 노영우 박용범 이덕주

CONTENTS

—

02

트럼프 탠트럼 & 포퓰리즘

Trump Tantrum & Populism

03

4IR 시대

The 4th Industrial Revolution Era

04

4IR 시대 생존 리더십

Responsive and Responsible Leadership

05

4IR발 변곡점 맞은 세계

Beyond the 4th Industrial Revolution

New World Disorder

신세계 무질서

신세계 무질서

반세계화 광풍과 포퓰리즘

　다보스포럼 참석자들은 대중영합주의적인 신고립주의, 자국우선주의, 보호무역주의 확산 속에 전 세계가 심각한 도전에 직면해 있다는 데 이견을 보이지 않았다. 지난 수십 년간 지구촌 번영을 가져왔던 세계화글로벌라이제이션, 자유무역 기조가 반세계화 광풍에 휘청대고 있다는 걱정이 컸다.

　지난 2008년 글로벌 금융 위기 이후 저성장 기조가 고착화되면서 경제·사회적 양극화가 심화됐고 박탈감에 휩싸인 대중의 기득권층에 대한 분노가 반反세계화, 고립주의, 자국우선주의와 같은 대중영합적인 정치 분위기를 확대 재생산했다는 게 다보스포럼의 진단이다. 이 같은 포퓰리즘 결과물이 바로 예기치 못한 브렉시트영국의 EU

수북하게 눈이 쌓인 다보스 일대 전경. 매년 1월이면 다보스는 기온이 영하 20도까지 떨어지지만 전 세계에서 몰려든 VIP들로 뜨거운 열기가 넘쳐난다.

탈퇴, 도널드 트럼프 미국 대선 승리 등이다. 2017년도 포퓰리즘 소용돌이가 전 세계를 휩쓸 것이란 진단이다.

2017년 상반기에 본격화될 브렉시트 협상은 물론 줄줄이 이어지는 네덜란드, 독일, 프랑스, 이탈리아 등 유럽 각국 선거를 앞두고 반EU·고립주의 행보를 강화하고 있는 극우 정치 세력 영향력이 급속히 확산되고 있다.

막말과 자질 논란에도 세계화 때문에 일자리를 빼앗겼다는 피해의식에 사로잡힌 백인 노동자층의 지지를 발판 삼아 백악관에 입성한 트럼프 대통령은 자국우선주의를 토대로 보호무역주의 기조를 노골화하는 한편 럭비공처럼 튀는 좌충우돌 정책으로 전 세계를 바짝 긴장시키고 있다. 트럼프 대통령의 TPP환태평양경제동반자협정 탈퇴 결정은 아시아태평양 지역에서 사업 확장을 계획했던 자국 기업들에게 커다란 불확실성을 안겨 줬다. 반反이민 행정명령을 밀어붙이면서 미국 내 분열은 극단으로 치닫고 있고 외치보다 내치에 올인하는 근시안적인 리더십으로 글로벌 리더십 공백의 구멍이 갈수록 커지고 있다.

유럽은 하드 브렉시트 가능성에 전전긍긍하고 있다. 이처럼 다양한 정책 리스크 때문에 시장 불확실성이 더욱 커질 것이라는 우려가 적지 않다. 국내적으로도 박근혜 대통령 파면에 따른 정치적 대혼란 속에서 한국 경제가 방향타를 잃어버린 상태다. 2008년 글로벌 금융 위기 이후 새로운 체제 모색이 절실한 상황임에도 전 세계가 힘의 공백 상태에 빠지면서 '신세계 무질서New World Disorder' 시대에 발을 들여놓고 있다는 게 다보스포럼 참석자들의 공통적인 진단이었다.

시계 제로 상태의 글로벌 리더십 지도는 불확실성을 키우고, 이는 곧바로 시장 변동성을 확 높이고 있다. 미래가 불확실하면 기업은 방어적이 될 수밖에 없고 경제성장의 토대인 기업가 정신을 발휘하기 힘들어진다. 경제가 성장하려면 정치적 안정과 사회적 통합이 전제돼야 한다. 이 과정에서 리더십 역할은 더욱 중요해진다.

2017년 47회째를 맞은 세계경제포럼WEF, 다보스포럼 대주제가 '소통과 책임 리더십Responsive and Responsible Leadership'인 것은 이 때문이다. 골치 아프거나 책임을 져야 하는 사안에 대한 결정을 회피하고 복지부동하거나 대중에게 영합하는 수동적인 리더십은 결국 조직, 더 나아가 국가를 위기로 몰고 갈 수밖에 없다.

클라우스 슈밥 세계경제포럼 창립자 겸 회장은 "숨 가쁜 변화 속에 시시때때로 불거지는 요구에 즉각 반응하고 결정에 책임을 지는 새로운 리더십 모델이 필요하다"며 "소통과 책임감에 기반을 둔 새로운 리더십 모델이 안보 문제부터 4차 산업혁명까지 세계가 직면한 도전을 극복하는 데 필요하다"고 강조한 것도 책임지는 리더십의 중요성이 커지고 있기 때문이다.

현 상황은 얄타회담 당시와 닮은꼴

"현 상황은 제2차 세계대전 종전을 앞두고 열린 얄타회담 당시와 비슷합니다."

글로벌 컨설팅 업체 맥킨지앤드컴퍼니의 도미니크 바튼Dominique Barton 회장이 다보스포럼 현장에서 걱정스럽게 꺼낸 발언이다. 얄타회담은 독일 패망이 초읽기에 들어간 제2차 세계대전 종전 직전인 1945년 2월 4일부터 11일까지 소련 흑해 연안 크림반도에 있는 도시 얄타에서 프랭클린 루스벨트 미국 대통령, 윈스턴 처칠 영국 수상, 요시프 스탈린 소련 최고인민위원 등 승전국 정상들이 모여 독일 패망 후 미·영·프·소 4개국의 독일 분할 점령 등 전후 세계 질서 재편에 대해 의견을 나눈 회담이다. 전후 세계 질서 재편 신호탄이 된 것이 바로 얄타회담인 셈이다. 회담 당시 미국과 소련은 우호적인 관계였지만 이후 사이가 틀어지면서 냉전의 시발점이 되기도

〈매일경제〉 취재진과
인터뷰 중인
도미니크 바튼
맥킨지앤드컴퍼니 회장

했다.

바튼 회장이 현 세계 정세가 얄타회담 때와 비슷하다는 이야기를
꺼내든 것은 두 가지 이유에서다.

일단 2016년 이후 전 세계적으로 반세계화·보호무역주의를 주창
하는 극우 포퓰리즘이 활개를 치고 있다는 점이다. 브렉시트와 트

럼프 당선, 유럽 지역에서의 극우 정치인들의 득세가 이를 웅변적으로 보여 준다. 자유무역과 세계화·개방이 '노멀'이던 시대에서 포퓰리즘, 신고립주의, 보호무역주의 등 시대 흐름에 역행하는 정치 세력이 늘어나고 글로벌 리더십 공백이 심화되는 '신세계 무질서'가 가시화되고 있는 점이 제2차 세계대전 종전 직후와 유사하다는 것이다.

두 번째는 전통과는 거리가 먼, 개성 강하고 카리스마를 갖춘 정상들이 주요 국가 리더십을 쥐락펴락하고 있다는 점이다. 당시 얄타회담에 참석한 정상은 영국의 처칠, 소련의 스탈린, 미국의 루스벨트였다. 현재 세계 권력의 정점에는 미국의 트럼프, 중국의 시진핑, 러시아의 푸틴, 일본의 아베 등이 있다. 바튼 회장은 "이들의 공통점은 바로 과거 관행에 얽매이지 않는 독특한 캐릭터를 가진 것"이라고 설명했다. 트럼프와 푸틴을 차치하더라도, 바튼 회장은 "아베만 봐도 지나치게 밀어붙이는pushy 인물이고 필리핀 두테르테도 빼놓을 수 없다"며 "이들은 모두 한마디로 개성이 강한maverick 인물들"이라고 진단했다.

이처럼 개성 강한 지도자들이 강력한 리더십을 발휘해 일사불란하게 통치한다면 문제가 없다. 하지만 잘못되면 그 후폭풍이 걷잡을 수 없을 것이라는 불안감도 상존한다. 독단적이고 과도하게 공격적인 리더십이 무리한 정책으로 연결되거나 실수라도 저질러서 잘못되기라도 하면 상황이 급변할 수 있다는 점이 커다란 리스크라는 게 바튼 회장의 진단이다. 돌발 리스크가 그만큼 크다는 얘기다.

왜 포퓰리즘은 확산됐는가?

글로브카툰의 만평가 패트릭 차패트가 '민주주의를 어떻게 강화시킬 것인가' 세션에 참석해 만화로 민주주의의
미래에 대해 설명을 하고 있다.   ⓒ 세계경제포럼

　프랑스, 독일을 포함한 많은 유럽 국가 대선과 총선이 2017년에
치러진다. 해당 국가 선거 결과는 그 국가만의 문제가 아니라 유럽
전체의 미래와도 직결된다. 브렉시트나 트럼프 미국 대통령 당선
과 같은 2016년 선거 결과의 정치적 파장이 전 세계적으로 큰 영향
을 미치고 있다.

　예기치 못한 브렉시트와 트럼프 당선이 전 세계 많은 사람들을 쇼
크에 빠뜨렸지만 일각에서는 이 같은 일이 벌어질 징조가 오래전부
터 감지돼 왔다고 말한다. 정치 엘리트들이 소통 결여로 국민들과

멀어지면서 유대감이 약화됐고, 자유주의Liberalism와 국경 개방에 대한 피해 의식이 커지면서 자국우선주의와 민족주의적인 분위기가 확산된 것이 2016년 정치·사회 격변의 단초가 됐다는 진단이다.

포퓰리즘도 급속히 확산되면서 자유민주주의에 대한 위기론을 부추기고 있다. 다보스포럼 '민주주의를 어떻게 강화시킬 것인가' 세션에서는 세계 각국에서 불고 있는 포퓰리즘적 정치 행태에 대한 논의가 집중적으로 이뤄졌다. 세션에는 패트릭 차패트Patrick Chappatte 글로브 카툰Globe Cartoon 만평가, 크리스티안 케른Christian Kern 오스트리아 총리, 도리스 로이타르트Doris Leuthard 스위스 대통령, 잰 워너 뮐러 Jan-Werner Müller 프린스턴대 정치학 교수, 니콜라스 시어Nicolás Shea 토도스 대표 등이 패널로 참석했으며 수잔 빌레Susanne F. Wille 스위스 텔레비전 SRF 앵커가 사회를 맡았다. 다음은 세션 주요 발언이다.

» **수잔 빌레** 현재 정치 상황부터 분석해 보자. 무엇이 가장 큰 문제라고 보는가?

» **패트릭 차패트** 기존 정치가 완전히 거꾸로 뒤집혔다. 지도자로서의 자질이 의심됐던 트럼프가 세계에서 가장 높은 지도자 자리에 올랐다. 이는 혁명에 가까운 정치적 변화이자 혼란이다. 이 변화를 일으킨 요인 중 하나가 트위터다. 트럼프는 트위터를 사용해 정당, 기관, 미디어 등의 중간자를 거치지 않고 대중들에게 직접적으로 자신의 메시지를 전달했다.

푸틴 러시아 대통령은 경제성장에 노력을 기울이기보다는 해킹과 시리아 내전에 개입했다. 러시아의 미국 대선 개입 정황에 대한 뉴스거리가 쏟아지고 있다. 이처럼 우리는 하루하루 더 비현실적이고 비정상적인 뉴스들을 접하고 있다. 러시아의 미국 대선 개입이 사실이라면 이제 앞으로는 다양한 의견보다도 무엇이 과연 사실인지부터 따져 봐야 할지도 모른다. 이런 맥락에서 민주주의 미래가 매우 걱정스러운 게 사실이다.

» **도리스 로이타르트** 기본적으로 다수의 지지를 받는 정당이 교체되는 것은 자연스럽게 일어날 수 있는 현상이기 때문에 크게 걱정할 문제라고 보지는 않는다. 한 나라의 지도자가 국민의 기본 권리를 침해하거나 삼권분립에 반하는 사법부 통제를 하려 한다면 이 같은 시도는 매우 우려스러운 것이다.

» **니콜라스 시어** 기본적으로 나는 이를 통계적인 문제라고 본다. 종형 곡선에서는 거의 모든 것들이 정상적으로 분포돼 있다고 볼 수 있다. 10년 전에 90%였던 터키 투표율이 전체 인구 중 1/3 정도만 투표에 참여하는 수준으로 급격히 떨어지면서 종형 곡선 모습에 변화가 생겼다. 때문에 극단주의자들의 의견이 과잉 반영된 투표 결과가 나올 개연성이 커졌다. 이는 매우 위험한 일이다.

따라서 많은 사람들이 투표에 참여할 수 있도록 힘써야 한다. 더 많은 시민들이 정치에 참여하고 아이디어를 개진하고 비판도 자유롭게 해 우리가 일부 이익 단체가 아닌 시민 다수 이익을 대변하고 대표할 수 있게 되면 자연스레 시민의 정치 참여는 늘어날 것이라고 본다. 현재 일반 시민들 눈에 비춰지는 정치인들의 모습은 복잡하고 일반인과는 동떨어져 있는 멀고 어려운 존재로 비춰지고 있다. 이 같은 괴리를 줄여 나가 시민들이 정치에 더 쉽게 참여할 수 있도록 여건을 조성해야 한다.

» 잰 워너 뮐러 전 세계적으로 시민들은 기성 정치 엘리트들에 대항해 일어서고 있다. 하지만 이런 사람들을 모두 포퓰리스트라고 간주하면 안 된다. 기존 정치에 대항하는 모든 정당과 정치단체들이 민주주의에 위협이 되는 것은 아니기 때문에 민주주의의 몰락이라고 생각해서는 안 된다. 오직 그들만이 진짜 국민들을 대표할 수 있다고 믿는 포퓰리스트를 경계해야 하는 것이다.

내 개인적 견해로는 도널드 트럼프Donald Trump와 마린 르펜Marine Le Pen은 포퓰리스트지만 포데모스Podemos, '우리는 할 수 있다'는 의미를 가진 스페인의 급진좌파 정당으로 반EU·반긴축·반세계화를 정당 이념으로 삼고 있다'는 포퓰리스트라고 보기 어렵다. 진짜 포퓰리스트들이 그렇듯 원천적으로 다원주의를 부정하는 입장을 취하진 않기 때문이다. 오히려 더 많은 반대 정당들이 만들어지고 권력이 분산되는 한편 기존 좌우파 정당들이 자기들의 이미지를 쇄신하고 더 분명한 대안을 제시할 수 있게 되면 포퓰리즘을 물리칠 수 있을지도 모른다.

» 수잔 빌레 아이러니하게도 트럼프 대통령 당선은 물론 브렉시트까지 모두 민주적 절차를 통해 나온 결과들이다. 민주적 절차의 결과인데도 불구하고 왜 이렇게 야단법석이냐는 반응들도 있다.

» **잰 워너 뮐러** 다원주의를 부정하는 포퓰리스트는 민주주의의 위협 요인이다. 포퓰리스트들은 트럼프처럼 경쟁 상대 정책에 반대 입장을 취하는 것보다는 이들을 도덕적으로 위법하다고 주장한다. 포퓰리스트만이 하는 행동이다. 또 포퓰리스트들은 자신들을 지지하는 소위 '진짜 국민'이 아닌 사람들을 제대로 국민으로 인정하지 않는 편가르기식 모습을 보이기도 한다.

브렉시트를 열렬히 주장한 영국 독립당 당수 나이젤 파라지Nigel Farage가 브렉시트를 진짜 영국인들의 승리라고 말한 것이 한 예다. 그렇다면 EU에 남기를 희망한 50%에 가까운 투표자, 즉 절반의 영국인들은 진정한 의미에서의 진짜 영국인이 아니라는 말인가? 이처럼 포퓰리스트는 언제든 엘리트층은 물론 다른 일부 국민들을 본인들이 정의하는 국민의 범주에서 배제시키는 편가르기를 통해 분열을 조장할 수 있다.

» **패트릭 차패트** 엘리트들이 모든 것을 엉망으로 만들어 놨다. 엘리트들이 은행을 망가뜨렸고 또 이 때문에 많은 고통과 분노의 감정이 생겨나게 됐다. 은행들을 다시 살려 놨지만 국민들에게 남는 것은 궁핍한 삶이었다. 국가파산에 몰린 그리스인들도 구제금융 투표에서 파산과 긴축 정책 사이의 선택을 경험해야 했는데, 이는 결국 어떤 종류의 빈곤을 더 선호하느냐의 질문과 다름 아니다. 선택을 통해 분노와 고통이 사라지는 게 아니었다. 국가 곳간이 비면서 비용 지출이 급감했고 서민층은 더 가난해졌지만 일부 계층은 더 부유해졌다.

세계화와 기술혁신은 더 큰 고통을 초래했고, 경제적 불평등은 심화됐지만 맨 위에 한 사람 _{국가 지도자}은 이를 제대로 이해하지 못했다. 이 모든 것이 원인이 돼 포퓰리즘이 대두되게 됐다. 메르켈마저도 지금은 위태로운 상황이다.

» **수잔 빌레** 어떻게 하면 사람들로부터 다시 신뢰를 얻을 수 있을까?

» **크리스티안 케른** 비즈니스의 경우엔 먼저 분석과 진단을 실시하고 그에 따라 필요한 결정을 내리고 이 결정 사항을 실행하면 된다. 하지만 정치에서는 콘셉트 자체를 논의하는 것조차 쉬운 일이 아니다. 정치가 불투명한 것은 아니다. 여기에도 많은 정보가 있는데 사람들은 그런 정보에 신경 쓰지 않을 뿐이다. 정보보다는 감정의 문제라고 생각한다. 내게 묻는다면 결국 신뢰를 얻기 위해 리더십, 변화 그리고 책임이 필요하다고 말하겠다.

변화에 대한 추진력은 특히나 중요하다. 왜냐하면 다수의 유권자들이 바라는 게 변화이기 때문이다. 그들에게 어떤 변화를 원하냐고 물으면 그들은 어떤 변화라도 상관없으니 그냥 변화를 원한다고 답한다. 이는 결국 어떤 사람에게 투표하는지를 결정짓는다. 내가 그 정당에게 투표하면 더 상황은 나빠질 뿐이라고 설득해 보려 해도 많은 사람들은 "나도 그들에게 투표하면 상황이 더 나아지지는 않을 것이란 것을 알고 있지만 지금 우리 사회의 엘리트들을 무릎 꿇게 만들고 싶다"라고 답한다는 것이다. 이것이 키포인트다.

» **수잔 빌레** 스위스형 직접민주주의가 현재 일어나는 많은 일들의 대안이 될 수 있을까?

» **잰 워너 뮐러** 가끔은 포퓰리즘이 민주주의를 위해서도 좋을 때가 있다. 기본적으로 포퓰리즘은 더 많은 정치 참여를 장려하고 국민이 자기 목소리를 내도록 하는 경우가 많기 때문이다. 하지만 포퓰리스트들이 이미 그들이 정해 놓은 답에 정당성을 부여하기 위해 국민투표를 이용한다는 점이 매우 잘못된 것이다.

스위스에서는 국민들에게 많은 선택권을 주고, 다양한 이슈에 대해 투표할 수 있도록 한다. 브렉시트처럼 10년에 한 번 정도만 국민투표를 실시해 국민 전체 의견을 묻고 수렴하는 것이 아니라는 얘기다. 국민투표가 자주 있기 때문에 스위스 국민들은 어디서 필요한 정보를 얻어야 하는지도 알고 여러 이슈들에 대해 다른 사람들과 의견도 나누며 투표에 대비하는 습관을 기른다.

» **수잔 빌레** 〈이코노미스트〉지는 "직접민주주의는 '유럽-아시안 음악 콘테스트' 같은 중요치 않은 일들에 적합할 뿐 나라를 통치하는 중요한 문제에는 적합하지 않다"라는 주장을 펼쳤다.

» **잰 워너 뮐러** 당신이 말하는 직접민주주의가 무엇을 의미하느냐에 따라 다르다. 20년에 한 번 정도 실시되는 국민투표를 통해 국민들이 자신의 의견을 다 표현했다고 해석하기엔 무리가 있다고 생각한다. 긴 시간에 걸쳐 국민들에게 자신의 뜻을 표현할 기회를 주는

스위스식 직접민주주의와는 큰 차이가 있기 때문이다. 스위스에서 처럼 가끔은 한 사안에 대해서도 두 번의 기회를 줘 국민투표를 통해 나온 결과도 바꿀 수 있도록 하는 것이 어떨까 생각한다.

» 도리스 로이타르트 우리는 포퓰리스트 정당을 통해서도 배울 것이 있다. 트럼프 미국 대통령은 일자리를 잃은 이들의 분노하는 마음을 제대로 읽었고, 세계화가 모든 미국 국민들에게 이로운 것은 아니라는 사실을 잘 이해하고 있었다. 이번 다보스포럼에서도 포용성Inclusiveness에 대한 얘기가 자주 나왔는데, 이는 그만큼 중요해서일 것이다. 세계화가 우리가 브레이크를 걸 수 있는 이슈가 아니라면 반드시 이를 통해 영향받는 시민들, 일반 근로자들의 마음을 읽고 어루만져 줄 수 있어야 할 것이다 어쩌면 우리는 지금껏 이 부분을 간과해 왔던 것일지도 모르겠다.

트럼프 리스크

다보스포럼 현장에서는 시대착오적인 고립주의와 보호무역·반反세계화 몰이를 하고 있는 트럼프 리스크에 대한 걱정이 넘쳐났다. 트럼프는 자유주의와 시장 개방 등 자유주의적 가치를 중시하는 다보스포럼에 대표단을 보내지 않았다.

클라우스 슈밥 다보스포럼 회장이 "트럼프 취임식1월 20일과 포럼 행사1월 17~20일가 겹치기 때문에 트럼프가 포럼에 참석하지 못할 것이라는 현실적인 생각을 해야 한다"고 에둘러 불참 배경을 설명했지만 트럼프의 보호주의적인 행보가 한층 가속화될 것이라는 게 다보스포럼 참석자들의 대체적인 진단이었다.

포럼 참석자들 사이에서 보호무역주의 시대가 이미 시작됐다는 진단도 적지 않게 나왔다. 심지어 세션 질의응답 시간에 고립주의 성향을 강하게 드러낸 트럼프가 각국 정상들이 만나는 G20 정상회담에 침석할 깃으로 보느냐는 질문까지 나올 정도였다. 국제사회 통합의 가치보다 "우리만 잘 먹고 잘살면 된다"는 국가이기주의에 매몰된 트럼프의 일방통행식 행보에 대한 국제사회의 걱정이 어느 정도인지 명확히 보여주는 에피소드다.

포럼 현장에서 트럼프에 대한 반감을 노골적으로 내비치는 참석자도 줄을 이었다. 대표적 인물이 바로 헤지펀드 전설이자 억만장자인 조지 소로스 소로스펀드 회장이었다. 소로스 회장은 "트럼프는 사기·협잡꾼Imposter·Conman으로 만약 그럴 수만 있다면 독재자가 될 것"이라며 원색적인 비난을 쏟아부었다.

그러면서도 소로스 회장은 "트럼프가 결국은 실패할 것으로 확신한다"고 강조했다. 트럼프가 선을 넘어서면 미국 헌법과 삼권분립 시스템이 헌법적인 조치를 발동할 것이기 때문에 트럼프가 독재자가 될 수 없도록 만들 것이라는 얘기다. 그러면서 소로스 회장은 "트럼프의 실패는 나처럼 트럼프가 실패하기를 바라는 사람들 때문이 아니라 그를 대통령으로 이끈 아이디어 자체가 기본적으로 모순되기 때문"이라고 잘라 말했다.

소로스는 트럼프를 분열적인 인물로 묘사했다. 트럼프 자신의 의견에 동조하지 않는 어느 누구든 미국 국민의 일부로 보지 않는 이분법적 사고의 소유자라는 지적이다. 소로스 회장은 "트럼프가 어떻게 행동할지 예측하는 것은 불가능하다. 왜냐하면 트럼프 자신이 제대로 생각한 적이 없기 때문"이라고 꼬집었다.

소로스 회장은 "트럼프는 대선에서 승리할 것으로 예상하지 않았다. 당선된 것에 스스로가 놀랐을 것"이라고도 했다. 트럼프가 대선에 나선 것은 대통령이 될 수 있을 것이라는 생각 때문이 아니라 유세 과정에서 대중을 끌어모아 트럼프 브랜드를 구축하고 위상을 올리기 위해서라는 것이다.

소로스 회장은 트럼프가 인선한 내각 내 갈등도 심해 앞으로 내분이 심화될 가능성도 제기했다. 이처럼 트럼프 리스크에 대해 시장이 인지하기 시작하면 트럼프가 약속한 경기 부양 기대감만으로 상승 흐름을 보이고 있는 시장 추세가 계속되기 힘들 것으로 내다봤다.

정치자금 감시단체인 **CRP**Center for Responsive Politics에 따르면 2016년 미국 대선 때 소로스 회장은 2,000만 달러에 달하는 정치헌금을 민주당 진영에 냈다. 이 중 1,000만 달러 이상을 힐러리에게 기부할 정도로 반反트럼프 진영의 핵심에 선 바 있다. 트럼프 당선으로 소로스 회장은 정치적·이데올로기적으로뿐만 아니라 경제적으로 상당한 손해를 본 것으로 알려지고 있다.

소로스 회장은 2016년 11월 8일 미국 대선에서 트럼프가 깜짝 승리한 뒤 약세장을 내다보고 시장이 하락하면 이익을 내는 방향으로 거래 포지션을 취했다. 하지만 규제 완화, 감세, 인프라 투자 확대 등 트럼프노믹스 기대감 속에 미국 주가가 폭등하는 랠리가 이어지면서 10억 달러약 1조 1,500억 원 이상의 돈을 날린 것으로 미국 언론은 전하고 있다.

소로스 회장의 헤지펀드인 소로스펀드매니지먼트는 소로스 회장과 그의 가족들의 개인 자금 300억 달러를 굴린다. 소로스 회장은 "불확실성은 장기 투자의 적"이라며 시장이 결국 하락 쪽으로 방향을 잡을 것이라는 전망을 고수하고 있다. 당장은 축제 분위기지만 현실을 인식하기 시작하면 시장 하락에 건 그의 베팅이 결국은 승리할 것이라는 믿음을 버리지 않고 있다.

트럼프 러시아 커넥션

다보스포럼 일부 참석자들은 트럼프가 백악관에 입성하면 달라지지 않겠냐며 애써 자위하는 모습도 보였지만 결국 사고(?)를 칠 것이라는 불안감이 더 컸다. 우려했던 대로 트럼프는 취임하자마자 전 세계와 대거리를 하고 있다. 연일 논란을 키우는 행정명령을 남발해 글로벌 경제 불확실성을 확 높였다.

세계에서 가장 힘이 센 미국 대통령이 국경세 운운하며 미국 내 공장 건설을 강압하고 TPP 탈퇴를 선언한 데 이어 중국·일본·독일을 상대로 통화 전쟁 신호탄을 쏘아 올렸다. 노골적인 보호무역 장벽 치기다. 설마 했던 멕시코와의 국경장벽 설치도 명령했다. 멕시코 대통령과의 정상회담을 취소하고 다른 나라 정상과 통화 때 막

말은 물론 일방적으로 전화를 끊어 버리는 무례도 서슴지 않는다. 상대방을 동등한 주권국으로 대하지 않고 거만하게 얕잡아 보는 패권적인 태도를 보이면서 "시키는 대로 하지 않으면 가만두지 않겠다"는 식으로 겁박하고 완력으로 굴종을 강요하는 덩치 크고 심술궂은 골목대장 모습을 보여 주고 있다. 이라크 등 7개 무슬림 국가 비자 발급·입국 제한 조치도 내놨다. 전 세계적으로 반反무슬림·반反미국적이라는 비난이 봇물 터지듯 쏟아지고 있지만 트럼프는 오히려 더 엇나가고 있다.

2016년 대선 유세 기간 내내 논란이 됐던 친러시아적 행보 때문에 트럼프 대통령은 취임 초 궁지에 몰렸다. 유세 기간 내내 미국과 적대적인 푸틴 러시아 대통령의 리더십을 칭찬하고 두둔하는 발언을 서슴지 않았던 게 트럼프다. 미국 내에서뿐만 아니라 우크라이나 사태로 러시아와 불편한 관계에 있던 유럽 각국은 트럼프의 친親푸틴 발언에 아연실색했다.

트럼프 대통령은 선거 과정에서 트럼프를 돕기 위해 러시아 해커들이 힐러리 캠프를 해킹했다는 미국 정보 당국 발표에 의구심을 표명하기도 했다. 정보 당국이 명백한 증거를 들이대자 마지못해 인정하는 모습을 보여 미국 국민들을 당혹스럽게 만들기도 했다. 뭔가 러시아에 약점이 잡힌 것 아니냐는 의혹이 확산된 것은 이 때문이다. 결국 언론을 통해 러시아 정부가 트럼프와 관련된 성매매 비디오를 가지고 있다는 의혹이 터져 나오자 트럼프 대통령이 강하게 반발하기도 했다.

그런데 트럼프가 대통령에 취임하기 전부터 러시아 측과 만나며 러시아 경제제재 해제 건을 논의한 것으로 알려진 마이클 플린 백악관 국가안보회의NSC 보좌관이 전격 해임되면서 트럼프와 러시아 커넥션이 다시 수면 위로 급부상했다. 민주당은 물론 공화당까지 초당적으로 트럼프와 러시아 간 밀약설에 대한 진상조사를 요구하고 나서면서 일각에서는 제2의 워터게이트 스캔들이라는 주장을 하기도 했다. 트럼프는 이에 대해 언론의 '가짜 뉴스', '음모론'이라며 혐의를 완강히 부인하고 있지만 트럼프 정권 도덕성에 상당한 타격이 불가피할 것이라는 게 정치 전문가들의 진단이다.

다보스포럼에 참석한 허미티지캐피탈Hermitage Capital 창립자이자 반러시아 행동가인 윌리엄 브로우더William F. Browder는 "트럼프가 나 자신은 물론 전 세계 모든 사람들을 당혹스럽게 만든다"며 "트럼프가 왜 많은 미국의 동맹국들에게는 불친절하고 미국과 적대적인 나라에 대해서는 그렇게 친화적인지 상식적으로 이해가 안 된다"고 불만을 터뜨리기도 했다.

사실 푸틴 대통령에게 친러시아 행보를 노골화한 트럼프의 당선은 횡재다. 푸틴 정부는 지난 2014년 우크라이나 영토인 크림반도 침공과 병합 이후 미국이 주도하는 서방의 경제제재로 큰 타격을 입은 상태다. 현 유가 수준이나 더 높은 유가에서 러시아 경제는 그럭저럭 버틸 수 있다. 하지만 유가가 떨어지면 러시아 경제도 함께 추락할 수밖에 없다. 유가 향방에 따라 루블 값, 주가 흐름이 결정되기 때문이다.

브로우더 창립자는 "배럴당 51달러 수준에서 러시아가 원하는 모든 것을 하기에는 돈이 충분치 않다. 푸틴이 쫓겨날 것이라는 것을 의미하는 것은 아니지만 충분한 돈이 없다는 것이다. 그래서 푸틴은 경제제재 조치가 해제되기를 그렇게 결사적으로 바라는 것"이라고 설명했다. 그러면서 브로우더는 "모든 사람들이 러시아가 서방 제재 조치에도 살아남을 것이라고 말하지만 매일 아침 그리고 매일 밤 푸틴은 제재 조치가 해제되기를 기대하고 있을 것이라는 점을 말하고 싶다"며 "만약 트럼프 정부가 러시아 경제제재를 해제한다면 푸틴에게 가장 큰 선물이 될 것"이라고 비꼬았다.

욱하는 '씬 스킨' 트럼프

기질 탓이다. 다보스포럼에 참석한 글로벌 엘리트들은 반대 의견과 충고를 들으면 오히려 엇나가는 트럼프의 기질을 '씬 스킨Thin-skinned'이라는 단어로 표현했다. 자신과 다른 의견과 반대를 모욕으로 간주하고, 과도하고 민감하게 반응한다는 것이다.

정당한 이유와 팩트에 귀를 닫는 위험하고 독단적인 리더십은 비생산적이고 불필요한 국론 분열과 갈등을 조장하고 논란만 키울 수밖에 없다는 게 다보스포럼 참석자들의 진단이었다. 집권 초반기 최대 논란거리로 등장한 반이민 행정명령도 자유무역·이민자에 대한 피해 의식이 큰 백인 노동자 콘크리트 지지층의 배설 욕구를 충족시켜 줄 수는 있겠지만 소탐대실이라는 지적이다.

이민 장벽은 무슬림에 대한 전쟁 선포에 다름 아니다. 외국인 혐오, 민족우월주의를 부추기며 대중독재를 강화하는 행태 자체가 무솔리니나 히틀러와 같은 파시스트와 한 부류로 엮일 수밖에 없다는 이야기도 들린다. 보호무역 조치가 당장 일부 일자리를 지킬 수 있겠지만 글로벌 서플라이 체인을 가장 많이 활용하는 세계화 최대 수혜자인 미국이 자기 발등을 찍는 자충수가 될 것이라는 지적도 많다. 무역 전쟁을 시작하면 보복은 필연적이기 때문이다.

도미니크 바튼 맥킨지앤드컴퍼니 회장은 트럼프와 푸틴을 전형적인 '씬 스킨'적 인물로 진단했다. 바튼 회장은 "푸틴이나 트럼프는 모욕을 당하면 매우 민감하게 반응하는 성향Thin-skinned이 강한 지도자"라며 "자부심도 매우 강해 당혹스러운 상황에 처하는 것에 질색한다"고 평가했다.

그러면서 바튼 회장은 "북한 어선이 해상에서 실수로 파손되는 불상사가 벌어졌을 때 북한이 일본에 미사일을 쏘는 상황이 벌어지면 트럼프가 더 이상 참지 못하고 행동에 나설 수 있다는 점이 걱정스럽다"고 우려하기도 했다.

G2 헤게모니

땡큐, 트럼프… 자유무역 챔피언 자처한 시진핑

촘촘하게 엮여 있는 글로벌화된 세계에서 갈라파고스처럼 동떨어져 혼자 잘 먹고 잘살 수 있다고 생각하는 것 자체가 덜떨어진 것이다. 고립주의 성향을 강화하면 할수록 글로벌 리더로서의 미국 영향력은 쇠퇴한다는 게 다보스포럼 참석자들의 컨센서스였다. 힘의 논리로 모든 것을 해결하려는 약육강식 리더십은 근육질 미국에 대한 국제사회의 반감과 불신만 키우는 위험성이 크다는 지적이다.

당장의 자기만족과 인기에 연연하는 대중영합적이고 즉흥적인 트럼프 리더십 때문에 미국이 입은, 그리고 앞으로 입을 상처는 상당히 깊고 오래갈 것이라는 전망도 나왔다. 미국과 패권을 다투고 있는 국가를 중심으로 미국을 대체하려는 시도가 본격화될 것이라는 진단도 나왔다. 실제로 이 같은 시도는 다보스포럼 현장에서 시작됐다.

트럼프 등 대다수 서구 지도자들이 불참한 가운데 다보스포럼의 공백을 메운 것은 바로 시진핑 중국 국가주석이었다. 트럼프가 자국우선주의 등 신고립주의와 보호주의를 강화하는 것과는 대조적으로 시진핑 주석은 현직 중국 국가주석으로는 처음으로 다보스포럼에 참석해 기조연설을 했다. 이 자리에서 트럼프와는 정반대로 자유시장경제 챔피언을 자처하며 보호주의 무역 타파를 역설했다.

다보스포럼이라는 게 자유시장 가치를 중시하는 비즈니스맨들과 정치인들이 많이 참여하다 보니 중국과 시진핑 주석의 이 같은 친시장주의적 행보를 열렬히 지지하는 모습을 보였다. 다보스포럼 때 시진핑이 기조연설을 한 것은 고립주의적인 트럼프 행정부 때문에 확대될 글로벌 리더십 공백을 파고드는 신의 한 수라는 평가를 받기도 했다.

미국은 보호주의 어두운 방에 갇혔다

반중 정서를 노골적으로 드러내고 있는 트럼프 대통령은 중국을 환율조작국으로 지정하고 고율의 관세를 부과할 수 있다고 위협한 바 있다. 때문에 세계 1·2위 경제대국인 미국과 중국 간 무역 전쟁이 발발할 수 있다는 우려가 점증하고 있는 상황에서, 다보스에 등

중국 국가주석으로서 처음 다보스포럼에 참석한 시진핑 주석이 다보스 콩그레스센터에서 연설하고 있다.

© 블룸버그

장한 시 주석은 트럼프를 노골적으로 지목하지는 않았다. 하지만 트럼프 면전에서 삿대질을 하는 것과 마찬가지로 강하게 보호무역주의와 반세계화 세력을 질타했다.

시 주석이 기조연설을 한 다보스 콩그레스홀을 가득 메운 3,000여 명의 포럼 참석자들은 시 주석이 자유무역 리더를 자처하는 기조연설을 흥미롭게 받아들였다.

시 주석은 보호무역을 '어두운 방Dark Room'으로 비유했다. 그러면서 시 주석은 "보호무역을 추구하는 것은 어두운 방에 자신을 가두는 것과 같다"고 강조했다. 자유무역과 세계화를 위험스러운 것으로 간주해 어두운 방에 들어가 문을 걸어 잠그면 비바람은 피할 수 있겠지만 빛과 숨 쉴 수 있는 공기도 차단되기 때문에 자해 행위라는 지적이다.

그러면서 시 주석은 "무역 전쟁에서 어느 누구도 승자가 될 수 없을 것"이라며 보호무역주의 정책으로 회귀하려는 국가들에게 명확한 경고를 보냈다. 시 주석은 "세계 각국이 자신의 이익을 위해 다른 사람에게 해를 입히는 정책을 추구해서는 안 된다"며 "중국은 시장의 문호를 항상 열어 둘 것이다. 다른 나라도 중국에게 공평하게 문을 열어야 한다"고 강조했다.

브렉시트와 트럼프 대선 승리로 연결된 반세계화 확산에 대해 시 주석은 '경제적 세계화Economic Globalization'라는 용어를 사용해 자유무역 가치를 주창했다. 시 주석은 "경제적 세계화가 새로운 문제를 만들어 낸 것은 사실이지만 그렇다고 경제적 세계화를 완전히 없애는 것을 정당화하는 것은 아니다"며 "경제적 글로벌라이제이션에 적응하면서 부정적 영향을 완화하고 그 혜택을 모든 국가가 누릴 수 있는 방향으로 유도해야 한다"고 주문했다.

시 주석은 글로벌 경제의 모든 문제를 세계화 탓으로 돌리는 시각에 동의하지 않았다. 시 주석은 "경제적 세계화가 많은 사람들에게 판도라 박스가 됐지만 글로벌 문제는 경제적 세계화가 초래한 게 아니다"며 "글로벌 금융 위기와 같은 글로벌 문제는 세계화 때문이 아니라 금융기관의 과도한 이익 추구와 감독 실패 때문에 발생했다"고 강조했다. 세계화는 전 세계 성장을 가져왔고, 전 세계의 모든 문제를 초래한 것으로 세계화가 비난받아서는 안 된다는 주장이다. 포퓰리즘적 접근법은 전쟁과 빈곤만 초래할 것이라는 이야기도 내놨다.

그러면서 시 주석은 글로벌 경제를 "결코 탈출할 수 없는 거대한 '대양Ocean'으로 비유하고 고립 시도는 가능하지 않은 것"이라고 지적했다.

시 주석은 "중국도 WTO 가입 여부를 놓고 고민을 한 적이 있다. 글로벌 시장 편입은 거스를 수 없는 대세였고 글로벌 시장이라는 큰 바다를 헤엄쳐야 한다는 것을 깨달았다"며 "새로운 세상으로 가는 길에 익사할 수 있다는 두려움도 있었지만 중국은 용감하게 세계 시장에 진입했다"고 설명했다. 시 주석은 "파도가 덮쳐 왔지만 수영을 하는 법을 배웠고 결국 이것이 올바른 선택으로 밝혀졌다"고 덧붙였다. 지난 38년간 개혁개방을 통해 중국이 세계 2위 경제대국이 됐다는 게 시 주석의 얘기다.

시 주석은 "전 세계 국가들이 손을 맞잡고 (보호무역주의, 반세계화) 도전에 맞서야 한다"며 "역사는 용감한 자에 의해 만들어졌다"는 말로 기조연설을 마무리했다.

G1 야심 내비치는 중국… '차보스'된 다보스

매년 1월 중순 세계경제포럼WEF·다보스포럼 연례총회가 열리는 스위스 다보스 콩그레스센터에는 주요 참가국들의 국기가 내걸린다. 정중앙에 위치한 하얀색의 세계경제포럼 깃발을 중심으로 소위 포럼 사무국이 중요하게 생각하는 주요 국가들의 국기가 좌우로 포진된다. 2017년 제47회 다보스포럼도 마찬가지였다. 각양각색의 국기가 내걸렸는데 그중에서 가장 눈길을 끈 것은 정중앙에 위치한 세계경제포럼 깃발 바로 오른쪽에 위치한 중국 오성홍기였다. 미국 성조기는 오성홍기 옆으로 밀렸다.

중국에 지대한 관심을 보인 것은 포럼 사무국뿐만이 아니었다. 100여 명의 최고위급 정치인과 재계 리더들을 대거 이끌고 중국 주석으로는 처음으로 다보스포럼을 찾은 시진핑 주석에게 포럼 참석자들이 뜨거운 관심을 보였다. 다보스가 차보스China+Davos가 됐다는 말이 나온 것은 이 때문이다.

신자유주의와 자본주의 본거지인 다보스포럼에서 시 주석이 주빈 역할을 맡으며 개막식 기조연설을 한 것 자체가 글로벌 정치·경제 지형 대변화의 강력한 신호탄이다. 특히 반중 정서를 노골적으로 드러내는 도널드 트럼프 대통령 취임을 앞두고 G2미국·중국 갈등이 심각한 수준으로 치닫는 상황이어서 전 세계는 시 주석 기조연설에 지대한 관심을 쏟았다. 대다수 포럼 참석자들은 시 주석 기조연설에 대해 부상하는 중국의 글로벌 파워를 상징적으로 보여주는 방증이자 "중국이 세계 무대 중심에 서 있다"라는 강력한 메시지를 전달한 것으로 해석했다.

시 주석이 다보스포럼이라는 플랫폼을 활용해 글로벌 리더십과 권력 공백을 파고들고 있다는 분석도 나왔다. 현재 전 세계는 포퓰리즘 확산으로 각자도생식 자국우선주의가 기승을 부리고 있다. 외부에 신경 쓸 겨를이 없이 내부 단속에만 몰입하는 상황이 연출되고 있는 게 그동안 세계 질서를 이끌어 온 미국과 유럽의 현주소다.

시장 개방과 세계화를 적극 지지한 미국이 그동안 무역과 기후 변화 등 다자 이슈를 이끄는 중추적 역할을 해 왔지만 트럼프 당선 후 신고립주의와 반세계화 노선이 심화되고 있다. 감세와 인프라 투자를 통한 경기 부양이 트럼프노믹스 근간이라고 하지만 기저에는 이미 체결한 무역협정 재협상 등 극단적인 보호무역주의에 기반을 둔 자국이기주의가 똬리를 틀고 있다.

유럽도 외부에 눈을 돌리기에는 제 코가 석자다. 테레사 메이 영국 총리가 EU 단일 시장·관세동맹 탈퇴 선언 등 하드 브렉시트를 천명하고 나서면서 그 후폭풍이 심상치 않을 것으로 보인다. 기존 정치권에 대한 불만으로 반세계화, 반이민, 고립주의적 극우 정책을 내건 포퓰리즘 극우 정당이 급부상하면서 정치성 불확실성도 확 높아진 상태다.

반면 시 주석은 중국을 글로벌라이제이션 지지자로 집중 부각시키고 국제사회의 책임 있는 국가로서의 신新중국 탄생을 전 세계에 알리는 플랫폼으로 기조연설을 활용했다. 또 '포용적인 글로벌라이제이션Inclusive Globalization'에 대한 목소리를 키우는 등 반세계화와 세계화 구도를 만들어 트럼프와 각을 세웠다. 과거 자유 시장 근간이었던 미국·유럽 서구 국가 내부에서 불어닥치는 반세계화 광풍에 맞서는 자유무역 신봉자 프레임을 강화한 셈이다. 시 주석은 기조연설을 통해 트럼프의 미국과 시진핑의 중국을 대조, 트럼프의 미국이 잘못된 길로 들어서고 있다는 점을 전 세계에 보여 줬다.

트럼프의 미국은 기업들을 협박해 해외 공장 건설을 포기시키고 기존에 체결한 무역협정 폐기를 약속하는 등 자유시장경제 근간을 무너뜨리는 초강력 보호무역주의 발톱을 드러내고 있다. 안보 면에서도 "받은 것만큼 보호해 주겠다"는 비즈니스적 마인드를 노골화하면서 동맹국들을 전전긍긍하게 만들고 있다. 특히 중국에 대해 환율조작국 지정을 위협하고 반중국 성향 인사를 내각에 대거 참여시키는 등 거침없는 반중국 행보를 보이고 있다. 특히 차이잉원 대만 총통과 통화를 하고 '하나의 중국' 정책에 딴지를 걸면서 중국의 역린을 건드린 상태다.

포럼 일각에서는 시 주석의 다보스포럼 참석과 기조연설 수락이 국제사회에서 중국의 이해를 극대화하려는 강온양면전략의 일환이라는 진단도 나왔다. 지난 2013년 국가주석 자리에 오른 시 주석은 지난 4년간 내부적으로 권력 집중을 통한 1인 권력 체제를 공고히 하는 한편 대외적으로 지난 1980년대 이후 오랜 기간 중국 외교정책의 기본이 됐던 '도광양회자신의 재능이나 명성을 드러내지 않고 참고 기다린다는 뜻'에서 완전히 벗어나 적극적으로 자기 목소리를 내는 등 힘 있는 중국을 강조, 미국을 중심으로 한 세계 질서에 도전하고 있다.

이 과정에서 중국 정부는 사드 배치와 관련해 한미 동맹 고리 약화를 유도하기 위해 우리나라에 대해 경제·군사적인 압박을 서슴지 않고 남중국해에서도 대대적으로 군사력을 확장하는 등 물리적으로 주변국을 압박하는 근육질 중국의 단면을 보여 줬다. 그러면서도 한편으로는 시 주석의 다보스포럼 기조연설을 통해 중국을 책임 있는 글로벌 국가라는 이미지로 세탁함과 동시에 친중 우군을 확보하고 국제력 영향력을 강화하는 투 트랙 전략을 쓰는 모양새다.

중국의 국제적 영향력 확대는 이미 전방위적으로 진행되고 있다. 2016년 1월 중국은 중국 최초의 국제기구인 AIIB아시아인프라은행을 창설, 미국이 주도하는 세계은행 체제에 정면 도전을 선언했다. 일대일로 프로젝트를 통해 주변 국가와의 관계를 인프라스트럭처로 밀접하게 엮고 있다. 미국 일자리를 줄이는 원흉으로 자유무역협정을 꼽고 있는 트럼프 대통령이 TPP 폐기를 선언하면서 공중분해 위기에 처한 아시아태평양 지역 경제협력은 중국이 주도하는 RCEP 역내 포괄적 경제동반자협정으로 대체되려 하고 있다.

트럼프가 고립주의적이고 보호무역주의적인 체제를 노골화하면서 시장경제 보루인 미국 경제 위상이 훼손될 가능성이 적지 않다. 미국이 보호주의적인 조치를 강화하면 강화할수록 글로벌 시장에서 미국 영향력은 쇠퇴하는 반면 중국 영향력은 급속히 확대될 것이라는 게 다보스포럼 참석자들의 진단이다.

제2차 세계대전 후 초강대국이 된 미국이 미국 중심의 세계 질서인 '팍스 아메리카나'를 구축했다면 이제는 중국 중심의 세계 질서를 일컫는 '팍스 시니카' 시대 개막도 먼 훗날의 이야기가 아니라는 진단도 나온다.

시 주석의 다보스포럼을 활용한 활발한 외교·경제 활동이 G2 체제에서 중국 단극 체제인 G1 체제로의 도약을 위한 사전 포석이나 마찬가지라는 해석도 나오고 있다.

클라우스 슈밥 세계경제포럼 창립자 겸 회장은 "시 주석의 다보스포럼 참석은 미국이 지배하는 단극 체제에서 중국처럼 부상하는 파워 국가들이 더 큰 역할을 하는 다극 체제로 바뀌는 신호"로 해석했다.

헨리 키신저 전 미국 국무장관은 "현 시대의 가장 큰 문제점 중 하나는 우리에게 친숙한 세계 질서가 일부분에서 해체되고 있다는 것이고, 그 틈을 아시아와 개도국 일부 국가들이 비집고 들어오고 있다"며 "시진핑 기조연설과 관련해 나에게 가장 중요한 부분은 세계 질서 구축에 중국이 참여하겠다고 강조한 것"이라고 설명했다. 그러면서 키신저 전 국무장관은 "시 주석이 기조연설에서 말한 것은 변화하는 세계 질서 구축의 본질과 경제 분야에서의 세계 질서 개념을 제시했다는 것"이라며 "이는 '근본적인 중요성Fundamental Significance'을 가졌다"고 높게 평가했다.

전세 180도 역전된 미·중

시진핑 중국 국가주석의 개막식 기조연설 골자는 보호무역·반세계화 반대, 자유무역·세계화 확산이었다. 시 주석이 자유무역 확산을 주도하는 리더를 자처한 셈이다. 얼마 전까지만해도 반시장적인 규제와 시장 통제가 심하다는 비판을 받던 중국의 국가주석이 국제 무대에서 자유무역 기치를 드높이며 보호무역 장벽 뒤로 숨은 트럼프를 압박한 것 자체가 아이러니하다는 게 포럼 참석자들의 반응이다.

시 주석이 "보호무역을 추구하는 것은 어두운 방에 자신을 가두는 것과 같다. 무역 전쟁의 승자는 없다"는 표현으로 직접 트럼프를 공격한 것에 대해 "놀랍다"는 평가를 내리는 포럼 참석자도 적지 않았다. 미국은 자유무역, 중국은 환율 조작·보호무역이라는 일반의 상식을 완전히 뒤엎는 것이고 중국 정부가 자유시장경제 본산인 미국을 '시장을 막는다'는 이유로 꾸짖는 것 자체가 어느 누구도 예상할 수 없는 일이었기 때문이다.

중국도 문을 열어 놓을 테니 전 세계 다른 나라도 시장의 문을 활짝 열어 놓으라며 다른 국가를 향해 보호주의 배격을 요구하고 나선 것 역시 얼마 전만 해도 상상할 수 없는 일이라는 데 이견이 없었다. 한발 더 나아가 시 주석은 기조연설을 통해 트럼프 정부에 파리기후변화협약 준수까지 주문했다.

시 주석에게 공격의 빌미를 준 것은 바로 트럼프 자신이라는 게 포럼 참석자들의 진단이었다. 보호무역주의 노선을 강화하는 한편 세계화에서 발을 빼고 고립주의에 발을 담그는 행위 자체가 스스로 국제사회에서의 영향력을 거둬들이는 행위나 마찬가지이기 때문이다.

"중국이 미국 일자리를 강간raping하고 있다"는 원색적인 비난을 퍼부으며 무역 보복을 천명, 대선에서 승리한 트럼프는 중국을 환율조작국으로 지정하고 고율의 관세를 부과할 수 있다고 으름장을 놓고 있다. 그동안 미국이 주도하는 글로벌 경제 질서를 따라가면서 자유무역의 수혜를 받았던 중국이 이제는 자유무역의 선도적인 역할을 해야 하는 선택을 강요받고 있는 셈이다. 시 주석이 트럼프 위협을 위기이자 기회로 바꿨다는 평가도 있다. 중국 경제의 근간인 수출산업 활성화를 위해 중국은 앞으로도 지속적으로 시장 개방을 요구할 것이라는 분석이다.

트럼프 정부의 보호무역주의적 성향을 비판한 시 주석의 기조연설 직후 열린 '미국 전망' 세션에 참석한 트럼프 정권인수위원회 경제자문팀 핵심 멤버인 앤서니 스카라무치 스카이브릿지캐피탈 설립자 겸 CEO는 방어에 급급했다. 스카라무치 CEO는 "트럼프 정부는 무역 전쟁을 원치 않는다"며 "다만 자유롭고 공정한 무역을 하자는 것"이리고 진화에 나섰다.

스카라무치 CEO는 "과거 세계화는 미국 노동자층과 중산층의 희생을 통해 이뤄졌다"며 "중국이 세계화에 대한 믿음이 있다면 무역 균형이 이뤄지도록 해야 한다"고 주장했다. 그러면서 미국이 2차 세계대전 후 마셜플랜에 따라 137억 달러를 전 세계 인프라 재건을 위해 지원했다는 역사까지 꺼내들었다.

스카라무치 CEO는 "1945년 이후 이뤄진 교역에서 미국은 막대한 무역 적자를 기록하면서까지 상품과 서비스가 미국으로 자유롭게 들어오게 했다"며 "이는 다른 국가 노동자층과 중산층 삶의 번영을 가져왔다"고 강조했다. 미국이 자유무역을 통해 개도국 성장에 기여했고 이 덕분에 중국도 현재와 같은 경제성장을 이뤘다는 점을 강조한 것이다. 그리고 2차 세계대전 이후 세계화에 올인하면서 미국 제조업이 공동화되고 중산층과 노동자층을 불구로 만든 '삐걱거리는 미국Crippled America'을 정상화시키려면 균형 잡힌 무역 시스템이 필요하다는 주장을 내놨다.

스카라무치 CEO는 이탈리아계 이민 2세로 하버드대 로스쿨을 나와 헤지펀드 업계에서 큰손으로 군림하고 있다. 세계 최대 사모펀드 콘퍼런스인 SALT스카이브릿지 대체투자 콘퍼런스를 라스베이거스에서 매년 개최하고 있다.

마윈도 미국 때리기

도널드 트럼프의 반세계·보호무역주의를 질타했던 시진핑 주석에 이어 알리바바 신화를 창조한 마윈 회장도 약속이나 한 듯 다보스포럼 현장에서 미국의 아킬레스건을 건드렸다. 미국이 거대한 부富를 이뤘지만 비생산적인 곳에 흥청망청 낭비했다는 게 마 회장의 지적이었다.

마 회장은 "미국은 기술, 지식재산권, 브랜드만 관리하면서 모든 것을 아웃소싱해 엄청난 돈을 벌어들였지만 그 돈은 엉뚱한 곳으로 갔다"고 꼬집었다. 마 회장은 "미국은 벌어들인 돈을 30차례 전쟁에 쏟아부었고 지난 2008년 글로벌 금융 위기로 돈을 다 날려 버렸다"며 "그 돈이 인프라 투자에 쓰이고 미국 중서부 지역한때 호황을 구가하던 제조업 경기가 꺾여 실직자가 양산된 오하이오 주와 펜실베이니아 주 등 미국 제조업 중심지 투자에 쓰였다면 많은 변화가 있었을 것"이라고 주장했다. 미국을 타이르듯 나무란 셈이다.

시 주석이 자유무역 기치를 내걸고 트럼프 대통령의 고립주의적 행보에 일침을 가한 데 이어 마 회장까지 미국을 꾸짖고 나서자 포럼 참석자들 사이에서 시 주석과 마윈 간 상호 교감이 있었는지에 대해 설왕설래하는 모습도 보였다.

마윈 알리바바 회장이 2017년 다보스포럼에서 미국을 겨냥해 비판을 쏟아내고 있다. ⓒ 블룸버그

마 회장은 알리바바의 최대 경쟁자인 아마존에 대해서도 가시 돋친 독설을 퍼부었다. 마 회장은 "아마존은 제국처럼 돼 있어 모든 것을 직접 통제하지만 알리바바는 (알리바바에 납품하는 중소기업들도 공존하는) 생태계를 만들고 있다"고 강조했다. 마 회장은 "(아마존 창업자) 제프 베조스는 규모를 키우는 데 관심이 있지만 알리바바는 생태계를 구축해 서비스 물류 회사를 강하게 만들고 그들이 돈을 벌 수 있는 환경을 구축하고 있다"고 밝혔다.

마 회장은 또 "나는 작은 기업에서 시작해 봤기 때문에 사업의 어려움을 잘 안다"며 "중소기업들이 사업을 할 수 있도록 도와주는 포용적 성장이 돼야 진정한 세계화가 이뤄질 수 있다"고 덧붙였다.

마 회장은 시 주석이 다보스포럼 현장에서 자유무역의 중요성을 강조한 것에 절대적인 지지 의사를 밝혔다. 마 회장은 "전쟁을 일으키는 것은 쉽지만 끝내는 것은 정말 어렵다. 무역은 사람들과의 대화와 같은데 무역이 중단되면 세계가 멈출 것"이라며 "중국은 절대 무역 전쟁을 하지 않을 것"이라고 강조, 역으로 보호무역 기조를 강화하는 트럼프 정부를 간접적으로 비판했다.

다극화 시대 누가 이끌까

신세계 질서와 관련해 다보스포럼은 '다극화Multi Polar' 시대 리더십에 집중했다. 트럼프 미국 대통령이 '미국 최우선America First'을 최고의 가치로 제시하며 고립주의적인 시각을 강하게 내비치면서 글로벌 리더십 공백이 심화될 것으로 진단했기 때문이다. '슈퍼 파워' 미국의 부재를 틈타 중국, 러시아 등 다른 강대국들이 목소리를 키울 것이라는 분석이 대부분이었다. 다보스포럼 현장에서 기조연설을 한 시 주석이 세계화를 옹호하는 등 트럼프와 각을 세우면서 이같은 분위기는 더욱 확산됐다.

키쇼 마부바니Kishore Mahbubani 싱가포르국립대 리콴유 공공정책대학원 학장은 '누가 다극화된 세계를 이끌 것인가' 세션에 참석해 "시 주석의 기조연설은 훌륭했다"며 "미국 대통령이 'America First'라 말하고 중국이 전 세계에 같이 일해 보자고 말하는 것은 20년 전에는 상상도 할수 없었던 것"이라고 평가했다. 마부바니 학장은 과도했던 서방의 영향력이 약화되는 것은 자연스러운 것이라는 주장도 펼쳤다. 마부바니 학장은 "G7이 힘을 잃고 G20에 자리를 내주었다는 것은 다극화된 세계를 보여 준다"며 "이제는 무엇보다 UN 안보리 구조를 변화시켜야 한다"고 주문했다. 세상이 급속도로 바뀌고 있는데 단지 2차 세계대전에서 승리했다는 이유로 프랑스가 UN 상임이사국을 하는 것은 말이 안 된다는 비판이다.

은고지 오콘조 이웨알라Ngozi Okonjo-Iweala GAVI세계백신면역연합 의장진 나이지리아 재무부 장관도 개발도상국들의 목소리가 커져야 한다고 주장했다. 이웨알라 의장은 "개발도상국들이 세계 경제성장의 50% 이상을 기여하고 있지만 이런 역할이 제대로 인정받지 못하고 있다"며 "개발도상국들의 공로를 인정하는 글로벌 지배 구조거버넌스 시스템을 구축해야 한다"고 강조했다. 이와 관련해 기존 글로벌 거버넌스의 큰 축이라고 할 수 있는 IMF국제통화기금 의결권쿼터 변화가 절실하다는 지적이 많았다.

마부바니 학장은 "미국은 IMF내 지분이 (IMF 이슈를 주도할 수 있는) 17% 아래로 내려가는 것을 거부하고 있다"며 "유럽 국가들도 IMF 같은 국제기구에서 과도한 영향력을 행사하는 것을 포기해야 한다"고 주장했다. 이웨알라 의장도 "영국, 프랑스 등 유럽 국가들이 글로벌 경제 영향력에 비해 과도하게 많은 자리를 차지하고 있다"며 마부바니 학장 의견에 동조했다.

또 다극화 시대에 반反세계화가 중요한 트렌드가 될 것이라고 세션 참석자들은 입을 모았다. 리처드 볼드윈Richard Baldwin 제네바 국제대학원 국제경제학 교수는 "20세기 미국은 반독점 금지, 임금 상승

등 사회 정책이 세계화와 나란히 발전했다"며 "하지만 이후 사회 정책이 쇠락의 길을 걸으면서 반세계화가 이토록 맹위를 떨치게 됐다"고 분석했다.

마부바니 학장은 "반세계화 여론이 확산된 것에 대한 책임은 정치인들에게 있다"고 주장했다. 마부바니 학장은 "유럽 정치인들은 국민들에게 진실을 말하지 않고 있다"며 "반세계화는 유럽 정치인들에 대한 불신에서 비롯된 것"이라고 설명했다.

중국, RCEP로 글로벌 경제 새판을 짜다

2017년 ASEAN동남아시아국가연합 출범 50주년을 맞아 세계 경제에서 아시아는 점차 중요한 역할을 수행하고 있다. 세계 무역 전망이 그리 좋지 않은 가운데 아시아 경제는 어떻게 될 것인가?

'아시아, 새로운 리더로 부상할까' 세션에서는 아시아가 세계 경제를 이끌어 갈 수 있을지에 대한 집중적인 토론이 있었다. 특히 트럼프 정부가 보호무역주의로 선회하는 데 반해 중국이 자유무역을 천명하고 나서면서 중국을 포함한 아시아에 대한 관심이 높아졌다. 세계 각국이 통합보다는 각자도생식 생존에 나서고 있는 가운데 중국 부상이 눈에 띄는 상황이다.

이 세션에는 안토니 페르난데스Anthony F. Fernamdes 에어아시아 CEO, 리 다오퀴Li Daokui 칭화대 슈워츠만칼리지 학장, 키쇼 마부바니Kishore Mahbubani 싱가포르 리콴유 공공정책대학원 학장, 무스타파 모하메

키쇼 마부바니 싱가포르 리콴유 공공정책대학원 학장(오른쪽에서 세 번째)이 2017년 다보스포럼 아시아 관련 세션에 참석해 패널들과 토론을 하고 있다.
© 세계경제포럼

드Mustapha Mohamed 말레이시아 국제통상부 장관, 누리엘 루비니Nouriel Roubini 뉴욕대 경제학과 교수 등이 참석했다. 슈엘링 린Xueling Lin 싱가포르 채널 뉴스아시아 진행자가 모더레이터를 맡았다. 다음은 세션 주요 발언이다.

» **슈엘링 린** 아시아가 세계 경제를 주도하는 시대가 도래했다고 보는가? 미국의 **TPP** 탈퇴 등 보호무역주의 움직임이 미국 경제에 어떤 영향을 끼칠 것이라고 보는가?

» **누리엘 루비니** 세계 시장에 아시아가 큰 영향을 미치는 것은 분명한

사실이다. 버락 오바마 전 미국 대통령은 집권 기간 중 경제 및 지정학적 측면에서 아시아를 중시하는 '아시아로의 이동Pivot to Asia' 전략을 강화했다. 중국 및 아시아태평양 지역에서 중국을 견제하기 위한 미국의 조치였다. 트럼프 정부는 미국의 TPP 탈퇴를 선언했다. 이제 전과 같은 '대통합Great Integration'은 더 이상 없을 것이다. 다보스 현장에서 중국은 자유무역과 세계화, 자유시장경제 챔피언이 되겠다는 의지를 보여 줬다. 이것은 큰 변화다.

» 슈엘링 린 TPP에 관한 의견을 듣고 싶다. 항공 산업에도 적지 않은 영향을 끼칠 것으로 예상된다.

» 안토니 페르난데스 그렇다. 에어아시아와 같은 항공사는 TPP와 같은 자유무역협정의 큰 수혜자라고 할 수 있다. 그만큼 자유무역을 지지하는 사람으로서 최근 반세계화 움직임이 불만스럽다. 세계화 과정에서 일부 계층이 다소 소외됐다고 생각할 수도 있다. 하지만 이런 소외 문제는 보다 체계적인 부의 재분배를 통해 해결될 수 있는 문제라고 본다. 세계화를 통해 더 많은 일자리가 창출됐을 뿐만 아니라 동시에 더 나은 세상을 만들었다고 믿는다.

» 무스타파 모하메드 TPP 협상 과정에 참여했던 만큼 개인적으로 굉장히 안타깝다. 말레이시아 또한 세계화의 큰 수혜자다. 문제는 지금부터다. TPP를 통해 많은 새로운 일자리를 창출하고 노동환경 개선을 위한 새로운 시도가 있을 것으로 기대했다. TPP는 참여 국가 모

두에게 유리한 협정이었고 미국 또한 예외는 아니다. 지난 수십 년 간 무역 거래는 경제성장의 주요 동력이었다. 트럼프의 탈퇴 결정 은 세계 경제에 적지 않은 부정적인 영향을 미칠 것으로 생각한다. 그렇다고 비관만 하지는 않는다. 아세안 지역 내 발전 가능성도 많 기 때문이다.

» 리 다오퀴 중국 내에는 TPP에 관해 두 가지 의견이 존재한다. 혹자 는 중국이 보다 적극적으로 TPP에 참여했어야 한다고 주장하고, 다른 부류는 TPP가 중국 견제를 위한 하나의 조치일 뿐이라고 지 적한다. 때문에 중국 전체가 TPP 균열을 환영하는 것은 아니다. 우 리는 TPP 붕괴 사실보다 그 배경에 더 집중할 필요가 있다. TPP 붕 괴 후 중국이 아시아 지역 내 경제 통합을 위한 주도자로 부상할 것 으로 기대한다. RCEP역내 포괄적 경제동반자협정, Regional Comprehensive Economic Partnership의 약자로 ASEAN 10개국과 한국, 중국, 일본, 호주, 인도, 뉴질랜드 등 16개국이 역내 무역 자유화 지역을 구축하기 위한 다자간 자유무역협정 협상이 진행 중에 있고 이 같 은 진행 과정이 처음에는 다소 느릴 수 있지만 점차 가속이 붙을 것 으로 예상한다. 우리는 이것을 '자전거 페달의 논리Bicycle Approach'라 고 부른다.

» 키쇼 마부바니 무역은 지정학적 차원에서 접근할 필요도 있다. 오바 마 정부가 왜 TPP를 만들었을까? 오바마 정부는 아시아태평양 지 역에서도 영향력을 행사하고 싶었던 것이다. 이것은 단순히 경제 적인 측면의 무역이 아닌 지정학적 측면의 행위로도 볼 수 있다.

이러한 관점에서 봤을 때 트럼프 정부의 TPP 탈퇴는 상당히 흥미롭다. '자기 발에 총을 쏘는 격'이다. 국제 무역이 미국에 위해를 가하고 있다고 생각하는 것은 참으로 안타까운 일이다. "함께 성장하자Let's grow together"라고 했던 시진핑 주석의 다보스포럼 기조연설은 굉장히 놀라웠다. 어떤 무역협정에서도 주도자인 '챔피언'은 반드시 필요하며 세계는 중국이 RCEP 챔피언 역할을 해 줄 것이라 예상하고 있다. 오바마 정부가 TPP 챔피언이었다면 RCEP 챔피언은 중국이 될 것이라는 것이다.

인도를 포함한 많은 국가들이 RCEP 협정을 통해 이득을 볼 것이라고 확신한다. 국제 무역론에 따르면 무역은 제로섬게임이 아니다. 싱가포르가 중국에게 일자리를 빼앗겼지만 무역을 통해 또 다른 일자리를 창출했다. 건설적 파괴는 자본주의에 있어 꼭 필요한 것이다.

» **무스타파 모하메드** 무역은 성장에 중요한 동력이다. TPP를 대신할 다른 대안을 찾아야 한다. 무역협정은 협정에 참여하는 모든 국가에게 유리하다는 경제학의 기본 원리를 잊지 말아야 한다.

고액권 폐지한 인도의 화폐 혁명

인도는 중국과 함께 아시아의 리더로 부상하고 있는 국가다. 특히 나렌드라 모디Narendra Modi 총리 취임 후 각종 개혁 조치로 세계의

케네스 로고프 하버드대 교수(오른쪽에서 두 번째)가 '전환기의 인도' 세션에 참가해 발언하고 있다. ⓒ 세계경제포럼

주목을 받고 있다. 다보스포럼 '전환기의 인도' 세션에서는 인도 개혁에 대해 심도 깊은 논의가 이뤄졌다. 인도는 최근 단행한 화폐 개혁을 통한 부패 척결과 세제 개혁을 진행 중이다.

　세션에는 아룬다티 바타차리아Arundhati Bhattacharya 스테이트뱅크오브인디아 행장, 카르멘 라인하트Carmen M. Reinhart 하버드 케네디스쿨 교수, 케네스 로고프Kenneth Rogoff 하버드대 교수, 니르말라 시타라만Nirmala Sitharaman 인도 상공부 장관, 페데리코 스터제네거Federico Sturzenegger 아르헨티나중앙은행 총재 등이 패널로 참석했다. 비크람찬드라Vikram Chandra 인도 뉴델리텔레비전 CEO의 사회로 진행됐다. 다음은 세션 내용이다.

» **비크람 찬드라** 인도 경제는 빠르게 성장하고 있다. 이 시점에 갑자기 모디 총리가 화폐 개혁을 단행한 이유를 무엇이라고 보는가?

» **니르말라 시타라만** 화폐 개혁은 선거공약 중 하나였다. 2014년 5월 정권 교체 후 우리는 2016년 9월 30일까지 유예기간을 두고 자발적으로 미신고된 자산을 신고하도록 장려했다. 또 해외 국가들과 협정을 맺어 미신고된 역외 자산도 추적할 수 있게 했다. 이를 통해 검은돈 환수와 역외 탈세를 막는 등 구조 개혁을 진행했다. 인도의 많은 돈이 밖으로 새고 있고, 보이지 않는 '그림자 시장'이 존재한다. 인도의 현금 거래 비율은 87%다. 검은돈 거래는 기록이 남지 않는다. 많은 이들이 검은 돈을 통해 이익을 얻지만 세금 의무는 회피하고 있다. 국가를 위한 결정이었기에 당장은 힘들지라도 필요한 조치다.

» **케네스 로고프** 내 책 《화폐의 종말Curse of Cash》은 미국과 같은 선진국에 초점을 맞추고 있다. 하지만 많은 부분 인도와 같은 개도국에도 적용된다. 인도 정부는 보이지 않는 검은돈의 마켓을 양성화하기 위해 많은 노력을 하고 있다. 검은돈을 찾아내고 세금을 부과하려는 인도 정부 노력은 높이 평가한다.

　하지만 어떻게 경제에 충격을 주지 않으면서 검은돈을 찾아낼 것인지 생각해 봐야 한다. 나는 고액권 화폐 폐지를 지지한다. 하지만 화폐 개혁을 위한 구화폐 폐지를 단행하기 전에 신화폐 발행이 먼저 이뤄져야 하는데 문제는 새 지폐를 발행하는 데 많은 사람들이 생각하는 것 이상의 시간이 소요된다는 점이다.

» 비크람 찬드라 모디 정부는 검은 시장을 급습해 검은돈을 포착해야 했기에 그렇게 오랜 시간 준비해서 개혁을 단행할 수 없었을 거라 생각했다. 하지만 로고프 교수 말대로 신화폐 발행을 먼저 하고 화폐 개혁을 진행할 수는 없었을까?

» 니르말라 시타라만 인도 국민들이 미리 눈치채고 구화폐를 다 사용해 버리거나 처분했을 것이다.

» 아룬다티 바타차리아 국영 인도 은행 행장 입장에서 사전에 더 많은 소통이 있었으면 좋았을 것이다. 이런 갑작스런 화폐 개혁에 많은 국민들이 우려하고 걱정했기 때문이다. 하지만 정부 입장에서 보자면 신화폐 발행이 먼저 이루어졌다면 좋았겠지만 시타라만 장관이 말했듯이 그것은 불가능했다. 86%의 현금이 갑자기 제 가치를 잃고 사라졌다. 많은 사람들이 혼란스러워 은행 앞에 몰려들었지만 단 한 번의 폭동도, 단 한 명의 인명 피해도 없었다.

이번 개혁 기간 중 단 한 건의 불만조차 접수된 적이 없다. 많은 국민들이 국가를 위한 이번 개혁을 지지한다는 방증이다. 한 연구에 따르면 인도 부의 58%가 1% 인구에 집중돼 있다. 빈부 양극화가 얼마나 될지 상상이 되는가. 아마 많은 사람들이 이러한 이유로 이번 변화를 지지했을 것이라고 생각한다.

» **비크람 찬드라** 지금은 상황이 얼마나 정상화됐다고 생각하는가?

» **아룬다티 바타차리아** 혼란이 있는 건 도시 외 시골 지역이다. 단순히 그들을 응대할 인력이 모자라기 때문이다. 많은 사람들이 자신의 수익을 제대로 신고하지 않아서 세금이 적정하게 부과되지 못했다. 인도의 현금 밀집도는 굉장히 빠르게 증가하고 있었다. 우리 은행의 경우, 일간 현금 거래량이 2013~2014년도에 34억 루피_{약 588억} _원였지만 2017년 69억 루피_{약 1,193억 원}를 기록했다. 2006년 고액 화폐는 전체 화폐의 46%를 차지했지만 2016년에는 86%까지 올랐다.

» **비크람 찬드라** 모디 총리는 지난 연설에서 인도 국민의 저력을 언급했다. 단기간 내에 단행된 개혁이 폭동 없이 잘 이뤄졌던 것뿐만 아니라 정부와 국민들 간에 많은 소통이 있었던 것으로 안다.

» **니르말라 시타라만** 물론이다. 총리를 비롯한 장관들, 정치인들이 인도 내 많은 지역에서 국민들과 소통하며 피드백을 받고 있다. 이렇게 길고 험난한 시간을 잘 견뎌 준 국민들에게 감사와 존경을 표한다. 정부가 이런 개혁을 결정하고 단행할 수밖에 없었음을 이해하는 국민들이 있었기에 가능했다.

» **카르멘 라인하트** 화폐 개혁이 당장은 힘들지만 장기적으로 봤을 때 많은 이득을 줄 것으로 기대한다. 불법 거래량과 비공식 경제를 감소시키는 것은 단기적 손해를 보더라도 장기적 이익을 거두는 것

이다.

» **아룬다티 바타차리아** 중요한 것은 개혁의 효과가 단기적인 성과에 그치는 것이 아니라 이러한 규제와 법적 제재가 없이도 사람들이 자발적으로 변화에 적응하는 것이다.

» **비크람 찬드라** 개혁 이후에 검은 시장이 더 이상 존재하지 않을 것인가? 여전히 공무원들이 검은 시장 현장을 습격해 탈세를 막고 검은돈 세탁을 막을 수 있을까?

» **니르말라 시타라만** 지금은 전보다 상황이 낫다. 기술 시스템 발전으로 거래의 디지털화가 보편화되고 동시에 투명성도 증가해 자금 출처 추적이 가능해졌다. 최소한의 인력 투입만으로 거래 투명성 확보가 가능해졌다.

세계 안보 전망

트럼프 시대가 열린 뒤 전 세계적으로 안보 이슈가 집중 부각되고 있다. 트럼프 행정부는 공공연하게 버락 오바마 정부와 이란 간 맺은 핵협상 폐기를 운운하고 반이민 행정명령을 통해 이슬람권의 반발을 자초하고 있다. 미국과 이슬람 세계와의 적대적 구도가 강화되면 강화될수록 미국 등 서구 세계를 겨냥한 이슬람국가IS의 소프트 타깃 테러가 심화될 수 있다는 진단이다.

북한 김정은 정권은 핵무기를 미국까지 실어 나를 수 있는 대륙간 탄도미사일ICBM 개발 의지를 굽히지 않는 데 이어 김정남 암살 등 막가파식 공포정치를 강화하는 모양새다. 트럼프 행정부의 선제 타격론이 나오는 배경이다. 트럼프 대통령의 예측 불가능한 의사결정 스타일로 볼 때 우발적인 사건으로 미국의 대북 군사작전이 펼쳐질 개연성을 배제할 수 없게 되면서 동북아 긴장도 높아질 것이라는 분석이다.

다보스포럼 '세계 안보 전망Global Security Outlook' 세션에는 학계, 정계 등 다양한 분야의 안보 전문가들이 대거 참석했다. 세션은 최근 전 세계적으로 발생하는 위기들이 예측하기가 극도로 어렵다는 것으로부터 시작했다.

주미독일대사를 역임한 직업외교관 볼프강 이싱거Wolfgang Ischinger 뮌헨안보회의 회장은 "매년 초 우리는 가장 똑똑한 사람들을 초청해 안보에 대한 최대 위험이 무엇인지 듣지만 문제가 심각해지기 전까지는 어느 누구도 IS에 대해 얘기하지 않았다"며 "우크라이나 사태도 글로벌 차원의 지정학적 위기가 될 것이라 아무도 예측하지 못했다"고 말하면서 휘발성이 강한 지정학적 이슈에 대한 예측 가능성이 떨어지고 있다는 점을 우려했다.

전 세계가 정보통신 기술로 촘촘하게 연결된 상태에서 위기의 전파 속도가 빨라지고 있지만 어떤 지역으로 위기가 급속히 전파될지 예측하기 더 어려워졌다는 진단도 나왔다.

핵 안보 전문가인 셜리 앤 잭슨Shirley Ann Jackson 미국 런셀레어공

과대RPI, Rensselaer Polytechnic Institute 학장은 "일본 쓰나미와 후쿠시마 원전 사태는 전 세계적인 공급망에까지 영향을 끼쳤다"며 "상호 연결 interconnected된 사회와 시스템 때문에 위기를 예측하기가 한층 더 어려워졌다"고 실토했다. 기후변화로 빙하가 녹아 북극의 원유를 채굴하는 것이 가능해지면서 지정학적 갈등 이슈가 불거지는 것도 그렇다. 전문가들이 각자 영역domain에서만 활동하기 때문에 한 영역의 문제가 어떻게 다른 분야의 위기로 퍼져 나갈지 예측하기 힘들다는 것이다.

또 패널들은 정치가 위기에 대해 제대로 된 대응책을 내놓지 못하고 있다고 지적했다. 보험인수 리스크를 계산하기 위해 전쟁, 자연재해 등을 예측하는 활동이 중요한 재보험사 뮌헨리의 니콜라우스 폰 봄하르트Nikolaus von Bomhard 이사회 의장은 "나비효과로 인해 하나의 간단한 사건이 전 세계적으로 모든 것을 바꿀 수 있다"며 "이처럼 위기 확산 속도가 빨라지고 위기도 다양화되고 있지만 현재 정치인들은 자신들이 무엇을 해야 하는지 모르고 있다"고 지적했다.

이스라엘 여성 정치인인 치피 리브니Tzpi Livni 이스라엘 전 외교부 장관은 "모든 것이 변하고 있고 이를 이해해야 하지만 우리는 여전히 과거의 수단으로 예측하고 있다"며 "소셜 미디어를 통해 이제 IS가 중동에만 있는 것이 아니라 우리 사회에 들어와 있고 민주주의 가치를 파괴하고 있다"고 우려했다.

리브니 전 장관은 특히 "극단주의 세력은 최첨단 기술을 활용해 혐오를 확대시키고 있다"며 "젊은 사람들에게 이 방에 있는 모든 사람이 기득권자로 간주될 수 있다"고 지적했다. 그러면서 리브니 전 장관은 이 같은 위기 국면을 벗어나려면 "극단주의자들 사이에서 무기력해진 중도자유주의 세력Liberal Moderate Force이 젊은이들에게 비전을 보여 줘야 한다"고 주문했다.

우리나라 KOICA와 유사한 기관인 JICA일본국제협력기구의 신이치 기타오카Shinichi Kitaoka 이사장은 동아시아 안보 이슈에 대한 우려를 꺼내들었다. 아베 총리에게 안보 관련 조언을 하는 역할을 맡고 있는 신이치 이사장은 "북한이 핵미사일을 개발하고 중국 군사력이 확대되면서 동아시아 안보정세가 아주 위험한 상황으로 빠져들고 있다"며 "현재 (GDP 대비) 일본 국방비는 매우 낮은 수준인데 트럼프 대통령이 이를 문제 삼고 있다"고 설명했다. 신이치 이사장은 "동아시아 안정은 미국뿐 아니라 자유민주주의 가치에 대한 미국의 기여에 기반을 두고 있는데 (트럼프의 등장으로) 이것이 위기에 처하게 됐다"며 "지금은 동아시아에 매우 중요한 시기"라고 분석했다.

리브니 전 장관도 트럼프 등장에 대해 우려하는 목소리를 냈다. 리브니 전 장관은 "무엇이 미국을 위대하게 만든다고 생각하는지 새 대통령에게 질문을 던지고 싶다"며 "미국의 위대한 점은 그것이 추구하는 가치"라고 질타했다. 리브니 전 장관은 (국제 정치에 적극 개입하는) 강한 미국이 필요하고 이 같은 가치를 지지하고 싶다"고 덧붙였다.

브렉시트 후폭풍

테레사 메이 총리 하드 브렉시트

영국의 EU 탈퇴를 의미하는 말이 브렉시트Brexit다. 영국Britain과 탈출Exit이라는 단어를 합친 신조어다.

테레사 메이 영국 총리는 원래 브렉시트 반대론자였다. 때문에 EU와의 관계 단절을 최소화하는 수준의 소프트 브렉시트Soft Brexit를 추진할 것이라는 시장 기대감이 적지 않았다. 일각에서는 브렉시트 협상을 차일피일 미루면서 아예 브렉시트를 무력화시킬수도 있다는 분위기가 없지 않았다.

하지만 다보스포럼 현장에서 메이 총리는 의외로 "유럽 단일 시장에 머물지 않겠다"며 '하드 브렉시트Hard Brexit'를 시사해 전 세계를 놀라게 했다. EU 단일 시장과 관세동맹에서 탈퇴하고 이동의 자유

테레사 메이 영국 총리가 '하드 브렉시트' 불가피성을 역설하고 있다.   ⓒ 블룸버그

를 인정하지 않을 것이라는 게 메이 총리가 제시한 브렉시트의 큰 그림이다. EU 회원국 자격을 버리고 EU 단일 시장 일원이 아닌 별개 유럽 국가로서 EU 회원국들과 따로 쌍무적인 무역협정을 맺겠다는 얘기다. EU에서 완전히 발을 빼는 하드 브렉시트를 공식화한 셈이다.

  지난 40여 년간 EU 28개 회원국 중 하나로 활동해 온 영국이 세계 최대 단일 시장인 EU에서 탈퇴하려면 먼저 '리스본 조약 50조'에 따라 EU에 탈퇴 의사를 공식 전달해야 한다. '리스본 조약 50조'는 회원국 탈퇴와 관련된 내용을 규정한 EU 법률이다. '리스본 조약 50조'를 발동해야만 탈퇴 절차를 공식적으로 진행할 수 있다. 국민투표를 통해 브렉시트를 결정했지만 공식 탈퇴하기 전까지는 EU 회원국으로 남게 된다.

시장에서는 메이 총리가 3~4월께 '리스본 50조 조항'을 발동할 것으로 보고 있다. 하지만 '리스본 조약 50조'를 발동하더라도 곧바로 EU에서 탈퇴할 수 있는 것은 아니다. 조약 발동 후 최대 2년간 나머지 27개 EU 회원국과 탈퇴 협상을 끝마쳐야 한다. '리스본 조약 50조'를 발동하더라도 실제 탈퇴까지는 최내 2년이 더 걸린다는 얘기다. 이 과정에서 무수히 많은 변수가 생겨날 수 있다.

실제로 영국이 EU를 탈퇴하려면 영국 내 2만 개 이상의 법안을 개정해야 한다고 한다. 쉽지 않은 일이다. 또 메이 총리가 EU 회원국들과 쌍무적인 FTA자유무역협정를 체결하겠다고 공언했지만 EU 측은 탈퇴 협상이 마무리될 때까지는 영국이 EU 회원국 일원이기 때문에 개별 FTA 체결이 불가능하다는 입장이어서 논란이 커질 것으로 보인다.

게다가 EU위원회는 본격적인 탈퇴 협상을 진행하기에 앞서 영국 측에 EU에 미지급한 분담금 600억 유로의 지불을 요청할 예정이어서 갈등이 커질 것이라는 진단이다. 때문에 2017년 3월부터 브렉시트 협상이 진행되더라도 최대 협상 기간인 2년 내인 오는 2019년 3월까지 협상이 마무리될 수 있을지 자체가 미지수라는 분석이 다보스포럼 현장에서 나왔다.

특히 브렉시트가 덱시트덴마크의 EU 탈퇴, 픽시트핀란드의 EU 탈퇴, 첵시트체코의 EU 탈퇴 등 다른 유럽 국가들의 도미노 이탈을 초래해 EU 붕괴로 연결될 수 있다는 불안감도 넘쳐났다. EU 핵심국인 독일과 프랑스에서마저 EU 탈퇴를 주장하는 극우 세력들이 목소리를 키우고 있는 상황에 대해 우려하는 목소리가 적지 않았다.

따가운 눈총 받은 메이 총리

하드 브렉시트 선언으로 반세계화·고립주의로 빠져들고 있다는 전 세계의 따가운 시선을 받게 된 메이 총리는 다보스포럼 현장에서 자유무역 가치를 강조해야 하는 당혹스런 상황에 처하기도 했다. 보호무역주의 확산에 대한 우려가 전 세계적으로 증폭되고 있는 가운데 하드 브렉시트 선언이 반세계화 불길에 기름을 부을 수 있다는 비판을 방지하기 위해서였다.

2016년 6월 23일 국민투표를 통해 영국 국민이 내린 브렉시트 결정은 세계화와 자유무역에 대한 명확한 거부 의사로 받아들여지고 있다. 메이 총리 입장에서는 자유무역과 세계화에 불만을 가진 국민을 보듬어 안는 한편 경제성장을 위해 외부적으로는 해외기업들에 영국 시장이 활짝 열려 있다는 점을 강조해야 하는 상황이었다.

때문에 다보스포럼 현장에서 메이 총리는 "나는 자유무역 촉진자promotor다. 나는 자유무역의 가치를 믿는다"며 "영국은 보호무역주의와 고립주의에 결코 굴복하지 않을 것이다. 나는 자유무역이 경제성장을 가져온다고 믿는다. 세계화글로벌라이제이션도 마찬가지"라고 밝힌 것은 이 때문이다. 메이 총리는 또 "영국은 현재나 미래나 언제나 기업들에 문이 열려 있다"고 덧붙였다. 다보스포럼에 참석한 재계·정치 지도자들에게 영국이 EU에서 탈퇴하더라도 영국 시장은 여전히 해외 기업에 문을 활짝 열어 놓을 것이라는 점을 강조한 셈이다.

그러면서 메이 총리는 "하지만 일부 사람은 진짜로 자신들이 뒤처지고 소외됐다는 느낌을 받고 있다는 점을 받아들여야 한다"며 세계화에 불만을 품고 있는 소외 계층에 대한 관심도 당부했다.

메이 총리는 "이들은 주류 정치인들이 자신들의 걱정거리에 귀를 기울이지 않았다고 느낀다"며 "우리는 이 같은 우려에 귀를 기울이고 반응을 해야 한다. 그러면서 동시에 세계화와 자유무역이 가져다주는 혜택, 즉 일자리를 창출하고 경제 번영을 가져온다는 점을 보여줘야 한다"고 강조했다. 또 다국적기업들이 내야 할 세금은 제대로 내야 한다고 덧붙였다. 메이 총리는 "기업들이 리더십을 보여주는 게 꼭 필요하다"며 "글로벌화된 세계에서 모든 기업이 동일한 규칙에 따라 사업을 운영하고 경제적 성공에 따른 혜택을 모든 시민이 누리도록 해야 한다"고 주문했다.

하지만 소로스 회장은 EU 단일 시장과의 절연을 의미하는 하드 브렉시트를 선언한 메이 총리에 대해 권력을 유지하기 힘들 것이라는 비관적인 진단을 내놨다. 소로스 회장은 "메이 총리 내각이 분열된 상태인 데다 의회 내 다수당 지위도 미미하다"며 "메이 총리가 권력을 계속 유지하기 쉽지 않을 것으로 본다"고 진단했다. 또 브렉시트를 결정한 영국 국민들이 애써 현실을 부정하고 어떤 것도 받아들이지 못하는 상태에 있다고 지적하기도 했다. 브렉시트 결정 후 영국 경제 상황이 예상했던 것만큼 나빠지지 않았지만 결국 브렉시트 후폭풍을 체감할 수밖에 없다는 주장이다.

소로스 회장은 "파운드화 가치가 떨어지면서 인플레이션 압력이 강화될 것이고 이는 영국 국민 삶의 질 하락으로 연결될 것"으로 내다봤다. 소로스 회장은 "이런 상황이 현실이 되면 임금이 생활비 상승을 쫓아갈 만큼 빠르게 오르지 못해 이전보다 실질임금이 떨어진다는 점을 서서히 인지하게 될 것"으로 전망했다. 그러면서 소로스 회장은 "결혼하는 것보다 이혼하는 게 훨씬 더 어렵다"며 "영국과 EU 간 이혼 절차브렉시트는 아주 오래 걸릴 것"으로 내다봤다. 소로스 회장은 "이혼 절차가 오래 진행되면 화해하려는 욕망이 생겨날 것으로 생각한다"며 "이론상으로 혹은 실제로 2019~2020년쯤 되면 이런 상황브렉시트 포기이 벌어질 수도 있다"고 분석했다.

헨리 키신저 전 미국 국무장관은 브렉시트를 다른 관점에서 바라봤다. 키신저 전 국무장관은 "브렉시트를 창조적인 방향으로 활용할 필요가 있다"며 "브렉시트 피해를 어떻게 최소화할 것인지에 무게중심을 두기보다는 브렉시트 이후 유럽과 미국의 관계와 역할을 어떤 방향으로 새롭게 창출할지에 초점을 맞춰야 한다"고 주문했다.

그러면서 키신저 전 국무장관은 "모든 사안에 대해 EU 회원국들이 모두 동의해야 하는 만장일치 제도가 절대적인 현 EU 시스템으로는 경제·안보 이슈를 해결하기 매우 어렵다"고 지적했다. 대신 기존 EU 시스템을 유지하더라도 경제·안보 분야에서만큼은 서브그룹Sub Group을 따로 만들어 해당 이슈와 관련해 가장 큰 부담을 져야 하는 국가들이 주도권을 쥐고 의사결정을 하는 대안을 제시했다.

흔들리는 런던 EU 금융 패스포트 지위

메이 총리의 하드 브렉시트 선언에 대해 유럽 각국은 냉담한 반응을 보이고 있다. 영국이 EU를 탈퇴하면 EU 회원국으로서 누리던 혜택을 상실할 수밖에 없다는 입장이다. EU 탈퇴 후 의무는 지지 않으면서 EU 단일 시장 접근성은 그대로 유지하려는 영국 정치권의 체리피킹_{좋은 것만 선택하는 것}을 허용하지 않을 개연성이 크다.

이와 관련해 브렉시트 후에도 영국이 EU '금융 패스포트_{Financial Passport}' 지위를 유지할지 여부가 큰 관심사다. 금융 패스포트는 EU 내에서 자유롭게 금융 사업을 영위할 수 있는 금융 여권이다. 영국이 EU 일원이었을 때는 글로벌 금융 허브인 런던에 위치한 금융사들이 영국 외 27개 EU 회원국에서도 자유롭게 금융 서비스를 제공할 수 있는 금융 패스포트를 자동적으로 부여받는다.

하지만 메이 총리가 다보스포럼 현장에서 단일 시장 탈퇴라는 하드 브렉시트를 예고하면서 영국 런던에 터를 잡은 글로벌 금융기관들이 바짝 긴장하고 있다. 영국이 EU에서 탈퇴하게 되면 탈퇴 협상 내용에 따라 금융 패스포트 권리를 잃어버릴 수 있기 때문이다. 런던 소재 은행들이 EU 내에 세운 자회사 연결 고리를 통해 금융 패스포트 권리를 유지할 수도 있겠지만 EU 내 복잡한 규제와 규정이 걸림돌이 될 수 있다.

런던에 막대한 수수료 수입을 안겨 주고 있는 유로청산결제소 Euro Clearing가 브렉시트 이후에도 런던에 그대로 남아 있을지에 대한 회의적인 시각도 있다. 런던이 유로화 청산 결제 기능을 유지할 수 있을지에 대한 질문에 브누아 꾀레Benoit Coeuré ECB유럽중앙은행 이사는 "가능할 수도 있겠지만 도전적인 과제처럼 들린다"며 다소 비관적인 진단을 내놨다. 영국이 EU에서 발을 빼면 유로청산결제소에 EU 규정이 적용될 수 있을지에 대한 의구심부터 생긴다는 지적이다. 꾀레 이사는 "EU 단일 시장은 투자자, 소비자를 보호하고 금융기관 간 공정 경쟁과 금융 안정성을 확보하기 위한 일련의 규정 집합"이라며 "이것들이 사라지면 어떤 다른 규정이 이 같은 보장을 할 수 있을지부터 파악해야 한다"고 지적했다.

다보스포럼 현장에서 안드레아스 돔브레트Andreas Dombret 독일 분데스방크중앙은행 집행이사는 하드 브렉시트가 현실이 돼 런던에 있던 금융기관들이 EU 각국으로 이전하더라도 유럽 금융 안정성에 부정적인 영향을 주지 않을 것으로 자신했다. 돔브레트 이사는 "우리가 관심을 갖는 것은 은행들이 프랑크푸르트, 암스테르담, 파리, 더블린 등으로 이전하기를 원하든 그렇지 않든 간에 이들 금융기관들에게는 단일한 규정이 적용될 것이기 때문에 금융 안정 관점에서 문제가 안 된다는 것"이라며 "어디에 있던 아무런 차이가 없다"고 강조했다. 금융 허브 역할을 해 온 런던을 떠나 EU 내 어떤 곳으로 옮기더라도 금융 서비스 제공에 아무런 문제가 될 게 없다는 얘기다.

그러면서 돔브레트 이사는 "한 곳이 승자로 떠오르기보다는 지역별로 분산될 것"이라며 "런던 외 다른 EU 지역으로 이전하기를 원하는 금융기관들은 2017년 상반기에 이전 여부에 대한 결정을 내릴 것으로 기대하고 있다"고 설명했다.

실제로 영국에 자리 잡고 있는 몇몇 금융기관들은 EU 전역에서 금융 서비스를 제공할 수 있는 자격을 갖추기 위해 유럽 다른 도시로 조직을 이전하거나 최소한 사업부 일부를 옮기는 것을 모색하고 있다. UBS, HSBC, 골드만삭스 등은 브렉시트 후 런던 내 일자리와 조직을 다른 지역으로 이전할 수 있음을 시사한 바 있다.

브렉시트 모델은?

어떤 형태로 영국이 EU를 탈퇴할지 현시점에서 예상하기 쉽지 않다. 이와 관련해 영국이 선택할 수 있는 탈퇴 모델은 크게 노르웨이 모델, 스위스 모델, EFTA유럽자유무역협정 재가입, WTO세계무역기구 활용 등 네 가지로 나눌 수 있다.

다보스포럼 현장에서 에르나 솔베르그Erna Solberg 노르웨이 총리는 반은 EU에 머물고 반은 EU에서 떠나는 '하프–인, 하프–아웃Half-In, Half-Out'식 노르웨이 모델 활용 가능성을 제기했다. EU 변화에 맞춰 유연성을 확보할 수 있는 가장 좋은 모델이라는 설명이다. 노르웨이처럼 EU 정식 회원국 자격을 갖지 않더라도 EU 단일 시장에는 참여하는 식의 소프트 브렉시트 모델이다. 현재 노르웨이는 EU 회원국이 아니지만 유럽경제지역EEA, European Economic Area 회원으로 가입해 EU 단일 시장에 참여하고 있다.

　지난 1994년 창설된 EEA는 EU 회원으로 가입하지 않고 있는 유럽 다른 나라들도 EU 단일 시장에 참여할 수 있도록 하고 있다. 노르웨이 외에 아이슬란드, 리히텐슈타인 등이 EEA 가입국이다. EEA 가입국들은 EU 단일 시장에 참여하는 다른 EU 정식 회원국처럼 EU 내 상품·서비스·인력·자본의 자유로운 이동을 보장받는다. 때문에 일부 EU의 규제를 받으면서 일정 수준의 분담금도 내야한다.

　스위스 모델은 현재 메이 총리가 생각하는 브렉시트 모델에 가장 많이 근접해 있다. EU 단일 시장에서 탈퇴한 뒤 EU 회원국들과 쌍무적인 FTA를 체결해 무역 관계를 새롭게 구축하겠다는 것이다. 개별 EU 회원국들과 FTA를 체결하면 EU 단일 시장에 남아 있을 때처럼 관세장벽 없는 자유무역을 할 수 있다. 하지만 인력과 서비스 부문의 자유로운 이동은 불가능하기 때문에 영국의 최대 서비스 산업인 금융 산업이 타격을 입을 수 있다. 또 스위스 모델도 EU에 일정 수준의 분담금을 내야 하는데 영국 정부가 이를 받아들이지 않을 공산이 크다.

　영국이 EFTA 가입을 통해 EU 단일 시장 접근권을 확보할 수도 있다. EFTAEuropean Free Trade Association는 지난 1960년 1월 4일 창설된 기구로 서유럽 국가 중 EU 회원국이 아닌 스위스, 노르웨이, 아이슬란드, 리히텐슈타인 4개국으로 구성돼 있다. EFTA 가입국이 되면 EU 국가와 무관세 무역을 할 수 있고 분담금 부담도 없다. 하지만 인력과 서비스의 자유로운 이동은 보장이 안 되기 때문에 금융 허브로서 런던의 위상이 약화될 수 있다.

161개국이 가입한 다자간 무역 체제인 WTO 가입도 모색할 수 있다. WTO 회원국이 되면 EU를 포함한 모든 국가와 거래를 할 때 최혜국대우MFN 관세를 적용받을 수 있다. 하지만 EU 회원국으로 잔류하거나 EFTA 가입국이 되는 것에 비해 수출 비용은 늘어날 수밖에 없다.

세계경제포럼
글로벌 리스크 보고서

세계를 위협할 3대 리스크는

세계경제포럼은 향후 10년간 세계를 위협할 3대 리스크로 경제적 불평등, 사회적 양극화, 환경 위험 증대를 꼽았다. 또 한국 경제가 직면한 최대 위협 요인은 실업 문제가 될 것으로 진단했다. 〈2017 글로벌 리스크 보고서〉에 담긴 내용이다.

세계경제포럼 사무국은 매년 1월 포럼 개최를 앞두고 글로벌 리스크 보고서를 발간하는데 이번이 12번째다. 〈2017년 글로벌 리스크 보고서〉가 꼽은 3대 리스크 중 경제적 불평등, 사회적 양극화는 일자리 문제와 밀접한 관련이 있다. 세계경제포럼은 세계 경제 침체 속에서 일자리 부족 이슈가 경제적 불평등과 사회적 양극화를 심화시킬 수 있다고 경고했다.

1	경제적 불평등
	구조적 실업문제 심화

2	사회적 양극화
	정치적 상황 급변 초래

3	환경 위험 증대
	기후변화 대응력 약화

출처: 2017 글로벌 리스크 보고서

또 다른 리스크인 환경 위험이 커질 것으로 예상한 것은 전 세계적으로 리더십 변화가 일어나고 있는 것과 무관치 않다고 분석했다. 기후변화 위험성이 과장돼 있다고 보는 도널드 트럼프 정부 출범 후 기후변화 의제가 힘을 잃을 수도 있다는 우려가 반영된 것이다.

보고서는 또 트럼프 등장을 극단적 사회 양극화의 대표적 사례로 꼽았다. 미국 대선에서 트럼프와 힐러리 지지자들의 성향을 비교해 보면 이런 현상이 두드러진다. 트럼프 지지자의 72%가 스스로를 '전통적traditional'인 사람이라고 밝힌 데 반해 힐러리 지지자는 49%만이 스스로를 '전통적'이라고 답했다.

스스로를 전형적인 미국인이라고 밝힌 응답자는 트럼프 지지자 72% vs. 힐러리 지지자 49%, 페미니스트라고 밝힌 응답자는 트럼

세계 주요 국가 상위 1%가 소득에서 차지하는 비율(1975~2015년)

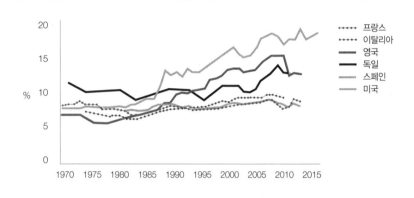

출처: The World Wealth and Income Database

프 지지자 5% vs. 힐러리 지지자 38%, 성소수자 인권을 지지한다고 밝힌 응답자는 트럼프 지지자 24% vs. 힐러리 지지자 66%였다. 완전히 다른 세계에 살고 있는 두 종류의 국민들이 미국에 살고 있다고 볼 수밖에 없는 내용이다.

3대 리스크 완화를 위해 세계경제포럼은 크게 다섯 가지 과제를 제시했다.

처음 두 가지 과제는 경제적인 것이다. 경제를 성장시키는 것과 시장자본주의를 개혁하는 것이다. 이를 통해 경제적 불평등을 해소하고 분배 문제도 해결할 수 있다. 세계경제포럼은 경제성장만으로 문제를 해결하기에는 이미 늦었고 시장자본주의에 대한 개혁이 필요하다고 주장했다.

세 번째 과제는 정체성과 공동체 문제를 해결하는 것이다. 쏟아지는 난민, 양극화, 민족주의Nationalism 대두 같은 사회문제를 극복하기 위해서다.

네 번째 과제는 4차 산업혁명으로 대표되는 기술 변화에 따른 부작용을 완화하는 것이다. 볼스테이트대 경제학과 교수인 마이클 힉스 분석에 따르면 지난 1997년부터 10년간 미국 내에서 사라진 일자리의 86%는 생산성 향상 때문이었다. 자유무역 때문에 사라진 일자리는 14% 미만이었다. 하지만 엉뚱하게도 사라진 일자리에 대한 대중의 분노는 기득권층과 세계화로 향했다. 기술 발달에 따라 사라지는 일자리 문제를 해결하지 못한 불만이 애꿎은 세계화 반대로 연결됐다는 진단이다.

다섯 번째 기후변화는 글로벌 협력 시스템을 지켜 내고 이를 강화해야 하는 과제다. 포퓰리즘과 민족주의 부상으로 글로벌 협력 시스템이 붕괴될 위기에 처해 있다. 글로벌 협력 시스템은 포용적 성장뿐만 아니라 기후변화 문제를 해결하는 데 필수적이다.

가장 충격이 센 리스크 다섯 가지는

글로벌 리스크 보고서는 매년 '가장 발생 가능성이 높은 5대 리스크'와 '발생할 경우 가장 충격이 큰 5대 리스크'를 발표한다. 2017년 가장 발생 가능성이 높은 5대 리스크 중 첫 번째는 기후변화에 따른 극심한 악천후가 꼽혔다. 두 번째는 대규모 비자발적 이민, 세 번째는 자연재해, 네 번째는 초대형 테러리스트 공격, 다섯 번째는 대규모 데이터 유출이 꼽혔다.

2014년부터 계속 두 번째로 발생 가능성이 높은 리스크로 꼽혔던 극심한 악천후가 1위로 올라선 것은 전 세계적인 기후변화에 따른 이상기후가 초래하는 재난이 확대일로에 있기 때문으로 보인다.

실제로 발생할 경우 가장 충격이 큰 5대 리스크로는 대량살상무기, 극심한 악천후, 물 부족, 자연재해, 기후변화 완화의 실패가 지목됐다. 대량살상무기가 1위로 올라선 것은 북핵 문제를 비롯해 전 세계적으로 지정학적 갈등이 심각해진 것과 무관하지 않아 보인다.

세계경제포럼은 한국 경제 최대 위협 요인으로 실업 문제를 꼽았다. 실제로 2016년 실업자 숫자가 외환 위기 이후 처음으로 100만 명을 돌파하는 등 실업 이슈는 한국을 뿌리째 뒤흔들 수 있는 최대 이슈로 부상하고 있다. 재정 위기, 자산 거품, 금융 메커니즘 작동 실패 가능성 등도 위협 요인으로 꼽혔다.

"브렉시트처럼 심대한 이슈를 함부로 국민투표에 붙인 것은 미친 짓"

존 리딩
〈파이낸셜타임스〉 회장

"브렉시트처럼 역사를 바꿀 수 있는 심대한 이슈를 함부로 국민투표에 붙인 것은 미친 짓nuts이다."

테레사 메이 영국 총리가 "EU 단일 시장을 떠나겠다"고 공식 선언하면서 소위 하드 브렉시트가 현실로 다가온 것과 관련해 존 리딩 〈파이낸셜타임스〉 회장은 심각한 후폭풍을 우려했다.

리딩 회장은 "프랑스 출장을 다녀왔는데 (2016년 6월) 브렉시트 결정후 파운드화 가치가 큰 폭으로 떨어진 탓에 비용이 예년에 비해 20%가량 더 들었다"며 "다보스포럼 참석을 위해 스위스에 오는 데도 상당한 비용이 소요됐다"고 불만을 토로했다.

리딩 회장은 특히 서민층이 상대적으로 더 큰 직격탄을 맞고 있다고 주장했다. 리딩 회장은 "문제는 아직도 영국 국민 상당수가 브렉시트 여파를 제대로 이해하지 못하고 있다는 점"이라며 "앞으로 인플레이션이 상승하는 등 브렉시트 부작용을 체감할 때가 되면 영국 국민들이 '브렉시트가 이런 것이었느냐'며 혼란스러워할 것"이라고 지적했다.

영국 국민들이 영국과 유럽의 역사를 바꿀 수 있는 아주 중요한 이슈인 브렉시트에 대해 제대로 이해하지 못한 채 국민투표에 나선 것 자체가 잘못된 것이라는 진단이다. 리딩 회장은 그러면서 "트럼프는 미국 국민들이 4년 뒤에 표를 주지 않으면 재선이 안 되지만 브렉시트 결정으로 EU를 떠나면 영국 국민들이 다시 원하더라도 복귀가 쉽지 않다는 게 영국의 문제"라고 경고했다.

리딩 회장은 유력 경제신문인 〈파이낸셜타임스〉 기자 출신으로 한국 특파원 등을 거쳐 지난 2006년부터 〈파이낸셜타임스〉 최고경영자로 활동하고 있다. 다음은 인터뷰 주요 내용이다.

» 테레사 메이 영국 총리가 EU 단일 시장을 떠나는 하드 브렉시트를 선언했다. 그 여파가 적지 않을 것 같다.

EU 단일 시장과 관세동맹을 탈퇴하고 개별적으로 각 나라와 따로 FTA를 체결하겠다는 게 메이 총리 얘기다. 하지만 이는 매우 복잡한 과정을 거쳐야 하고 개별 국가와 각각 FTA를 맺는 일은 수년, 수십 년이 걸릴 수 있다. 현실적이지 않다고 생각한다. 하드 브렉시트가 현실이 되면 외국기업들의 대對 영국 투자가 줄어들 수밖에 없다. 더 큰 걱정거리는 이민과 다양성 이슈가 훼손될 수 있다는 점이다. 하드 브렉시트로 투자가 줄고 외국인들이 영국에서 일하고 싶어 하지 않는 상황이 연출될 수 있다.

» **시진핑 중국 국가주석이 다보스포럼에 참석해 기조연설을 했는데 자유무역의 챔피언처럼 행동했다.**

연설 내용이 흥미롭고 인상적이었다. 시 주석은 '성숙한mature' 리더의 모습을 보였다. 사실 시 주석이 세계화와 자유무역 가치를 역설하는 모습은 아이러니한 것이다. 10~15년 전만 하더라도 중국 주석이 세계화 확산과 자유무역을 주도하는 챔피언 역할을 할 것이라고 상상하는 것 자체가 말도 안 되는 것이었기 때문이다.

» **시 주석이 경제 측면에서 세계화를 지지하고 자유무역을 강조했지만 안보 측면에서는 여전히 경직돼 있다. 사드 배치 결정을 문제 삼아 중국이 경제적으로 한국을 압박하고 있다.**

안보 문제와 관련해 중국 정부는 남중국해, 난사군도 영유권 문제, 그리고 대만 이슈 등 핵심 이익으로 간주되는 사안에 대해서는 단호한 입장을 유지할 것이다. 미국과 중국 간 충돌 가능성도 간과할 수 없다. 걱정스러운 점은 우발적인 상황이 벌어지거나 사소한 실수가 실제 충돌로 이어질 수 있다는 점이다. 상상만 해도 겁이 나는 일이다.

» 트럼프의 보호무역주의와 고립주의 성향에 대해 우려의 목소리가 크다. 트럼프의 멕시코 등 신흥국 때리기에 한국도 긴장하고 있다.

한국이 트럼프의 주요 타깃은 아니라고 본다. 미국으로 제품을 수출하기 위해 한국에 공장을 갖고 있는 미국 기업은 많지 않다. 멕시코 등이 문제인데, 정말 웃기는 것은 트럼프가 트위터를 통해 특정 기업을 찍어서 이야기한다는 점이다.

최근 트럼프가 멕시코에 자동차 공장 건설을 계획하고 있는 BMW를 상대로 35% 고율의 관세를 매기겠다며 철회할 것을 트위터로 압박했다. 한 나라의 대통령이 트위터를 통해 특정 기업을 꼭 찍어 이야기한다는 것은 있을 수 없는 일이다. 대통령 전용기인 보잉 에어포스원에 대해서도 가격이 비싸다며 새벽에 트위터를 날려 구매 계약을 취소하겠다고 했다.

단기적으로 이 같은 압박 전략이 먹혀들 수는 있다. 하지만 중장기적으로 커다란 문제를 초래할 수 있다. 〈새터데이 나이트 라이브SNL〉라는 미국 코미디 프로그램에서 트럼프 역할을 하는 배우가 있다. 매우 재미있는 프로그램인데 트럼프는 방송이 나갈 때마다 트위터로 프로그램과 배우에 대해 불만을 늘어놓는다. 지난 주에도 트위터를 통해 그 배우를 비난했다.

트럼프는 비판과 조롱에 '민감한Thin-skinned' 인물이다. 그런데 러시아, 중국 등과 심각한 문제가 발생할 때도 트위터를 통해 위기 해소에 나설 것인지 묻고 싶다. 트럼프는 대통령으로서 품위와 위엄을 갖춰야 한다.

» 2017년 글로벌 경제를 어떻게 전망하는가?

2017년 성장 전망을 긍정적으로 보고 있다. 미국 경제는 상승 모멘텀에 들어선 것 같다. 트럼프의 불투명한 정책 리스크는 있지만 기업인들은 트럼프가 친親기업적이라고 평가하고 있다. 규제가 줄어들고 인프라 투자도 늘릴 것으로 기대하고 있다. 기업에 우호적인 공화당이 의회를 장악하고 있는 점도 긍정적으로 바라보고 있다. 영국 경제도 (파운드화 급락에 따른 수출 경쟁력 개선으로) 상대적으로 나은 성장세를 보일 것으로 진단한다. 하지만 인플레이션은 커다란 걱정거리로 부상할 것이다. 금리가 추가 인상될 것으로 보여 2018~2019년은 2017년보다 더 어려워질 것이다.

다보스 참석자 수가 국력 순위?
국기게양 순위

다보스포럼 국가별 참석자 수

(단위: 명)

	2015년	2016년	2017년
미국	784	768	770
스위스	259	277	309
영국	277	296	266
독일	122	120	129
인도	107	94	98
중국	64	73	101
프랑스	91	79	89
일본	85	84	89
한국	23	24	19
전체	2,797	2,793	2,931

* 세계경제포럼 공식 초청 등록자 수 기준

다보스포럼 국가별 참석자 수를 보면 세계 패권 질서의 변화를 알 수 있다고 해도 과언이 아니다. 다보스포럼을 주최하는 세계경제포럼 사무국은 다보스라는 개최 장소의 물리적 한계 등을 고려해 공식 초청 인원을 3,000명 이내로 관리하고 있다. 다보스포럼은 철저하게 기관·개인마다 승인을 받아야 참석 자격이 생긴다. 참석을 희망한다고 갈 수 있는 행사가 아니다.

2017년 다보스포럼이 열린 다보스 콩그레스센터에는 처음으로 중국 오성홍기가 세계경제포럼 깃발 바로 옆에 걸렸다. 성조기를 밀어내고 가장 중심부를 차지한 것으로 변화된 중국의 위상을 극명하게 보여주는 사례다.

2017년 공식 초청을 받은 VIP는 2,931명이다. 시진핑 국가주석처럼 특별 초청을 받은 인사와 VIP를 수행하기 위한 인력, 언론인은 제외된 숫자다.

〈매일경제〉는 공식 초청을 받은 VIP 기준으로 최근 3년간 참석자들의 국적을 조사해 봤다. 가장 두드러진 것은 중국인 참여 비중 확대다. 중국인 참석자 수는 2015년 64명, 2016년 73명, 2017년 101명으로 크게 늘어나고 있다. 2017년 시진핑 주석이 중국 국가주석으로서는 사상 처음으로 포럼에 참석하면서 사절단 규모가 크게 늘어난 것으로 보인다.

매년 가장 많은 인원이 참석하는 미국은 2015년 784명, 2016년 768명,

2017년 770명으로 큰 변동이 없다. 다보스포럼 전체 참석자 수가 2015년 2,797명, 2016년 2,793명, 2017년 2,931명에 이른 것을 고려하면 미국은 상대적으로 비중이 줄어들고 있는 것으로 볼 수 있다.

한국 참석자 수는 2015년 23명, 2016년 24명, 2017년 19명으로 감소하고 있다. 다보스포럼 전체 참석자 비중으로 보면 한국인 비율은 0.65%에 불과하다. 한국보다 GDP 규모가 작지만 상대적으로 많은 참석자를 보내는 국가도 많다. 나이지리아23명, 덴마크22명, 인도네시아21명 등이 대표적이다.

다보스포럼은 글로벌 외교 전쟁터라고 해도 과언이 아니다. 2017년 다보스포럼에는 시진핑 중국 국가주석을 포함해 현직 국가정상급국제기구 대표 포함만 40명 이상이 참석했다. 유럽·아시아·남미·아프리카 정상이 대거 참석했다. 시진핑 주석 외에도 테레사 메이 영국 총리, 마르크 뤼터 네덜란드 총리, 에르나 솔베르그 노르웨이 총리, 응웬 쑤언 푹 베트남 총리, 훈 센 캄보디아 총리, 압둘라 2세 요르단 국왕 등은 세션에 참가해 왕성한 활동을 벌였다.

국제기구 대표들도 총출동했다. 2017년 다보스포럼에는 안토니우 구테흐스 신임 UN 사무총장, 크리스틴 라가르드 IMF 총재, 김용 세계은행 총재, 앙헬 구리아 OECD 사무총장 등 대표적인 국제기구 수장들이 모두 다보스에 모였다.

약 1,200명의 글로벌 기업 CEO들이 참석하는 것도 다보스포럼의 힘이다. 2016년 4차 산업혁명 시대 도래를 예고한 다보스포럼은 2017년 포럼에서 이 현상이 어떻게 보다 구체화될지를 논의했다. 마윈 알리바바 회장, 궈핑 화웨이 최고경영자 등 급성장하는 중국계 기업 최고 경영진이 대거 참석했다. 메리 배라

GM 회장, 카를로스 곤 르노닛산 회장, 루퍼트 슈타틀러 아우디 회장 등 자동차 기업 CEO들은 자율주행차 등 미래 자동차 기술 진화의 길을 모색했다.

셰릴 샌드버그 페이스북 최고운영책임자, 지니 로메티 IBM 회장, 조 케저 지멘스 회장, 사티아 나델라 마이크로소프트 CEO, 멕 휘트먼 HP엔터프라이즈 회장, 댄 슐먼 페이팔 CEO, 데미스 히시비스 딥마인드 CEO 등 4차 산업혁명을 선두에서 이끌고 있는 기업들의 최고 경영자들도 대거 모습을 보였다.

2017년 다보스포럼은 약 400개 세부 세션으로 진행됐다. 참석자 한 명 한 명이 전 세계를 이끄는 거물들이라는 점에서 현 세계가 직면한 각종 현안에 대한 해법을 모색했다는 평가다.

02

Trump Tantrum & Populism

트럼프 탠트럼 & 포퓰리즘

트럼프 탠트럼

글로벌 빅샷, 단기 글로벌 경제 낙관

2017년 다보스포럼 현장에서 모처럼 긍정적인 경기 전망이 넘쳐 났다. 1년 전 다보스포럼 때 위안화 급락과 뭉칫돈 이탈 등 중국 경제 경착륙Hard Landing 우려 속에 글로벌 경제 위기감이 팽배했던 분위기와는 천양지차였다. 포럼 참가자들이 2017년 글로벌 경제가 회복 흐름을 지속할 것이라는 기대감을 내비친 데는 그만한 이유가 있었다.

일단 미국 경제는 인플레이션을 걱정해야 할 정도로 회복세가 강화되는 모양새다. 유럽 경제도 예상보다 나은 회복세를 이어 가면서 QE양적완화 규모를 줄이는 '테이퍼링Tapering' 시행을 앞두고 있다. ECB유럽중앙은행는 월 800억 유로약 97조 원 규모의 국채를 시장에서 사

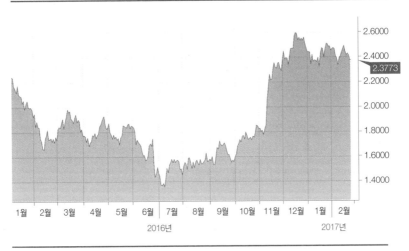

자료: 블룸버그

들이는 QE 조치를 통해 천문학적 규모의 유동성을 시장에 쏟아부어 왔다. QE 테이퍼링 검토에 들어간 것 자체가 대규모 유동성 투입을 통한 경기 부양 조치를 다소 완화시켜도 될 만큼 유럽 경제가 바닥을 치고 회복 국면으로 접어들고 있다는 자신감을 보여 주는 신호라는 진단이다. 일본 경제도 여전히 디플레이션 압박에서 벗어나지는 못하고 있지만 꾸준한 회복세를 보이고 있다는 평가를 받고 있다.

이처럼 글로벌 경제가 최악을 벗어날 것이라는 기대감이 커지면서 다보스포럼에 참석한 월가 빅샷들은 트럼프 행정부의 정책 불확실성에도 불구하고 단기적으로 미국 경제 전망에 대해 낙관론을 펼쳤다. 자산 규모로 미국 1위 은행인 JP모간체이스의 제이미 다이먼 회장은 "(트럼프 대통령이) 올바른 세제 개혁과 규제 개혁을 한다는 가정하에 미국 경제가 2017년 3~4%대 성장을 할 수 있을 것"으로 기대했다.

사실 월가 금융기관들은 감세와 인프라 투자 확대 등 경기 부양책을 골자로 하는 트럼프 대통령의 경제 정책을 일컫는 트럼프노믹스의 최대 수혜자다. 그동안 월가 금융기관들이 줄기차게 요구했던 금융 규제 완화 조치가 트럼프노믹스에 포함돼 있기 때문이다. 여기에다 대규모 재정 투입을 통한 경기 부양 조치로 가파른 미국 기준금리 인상 가능성이 커진 점도 금융기관에는 호재다. 금리가 오르면 그만큼 예대마진예금과 대출이자 간 차이을 키울 수 있기 때문이다.

다이먼 회장은 "은행은 금리 상승에 따른 혜택을 볼 수 있다. 미국 경제가 강해지면 은행은 혜택을 볼 수 있다. 규제 완화로 은행이 혜택을 볼 수 있다"며 트럼프 경기 부양책과 금융 규제 완화 조치에 대한 기대감을 표현했다.

크리스틴 라가르드Christine Lagarde IMF 총재, 래리 핑크Larry Fink 블랙록 회장, 볼프강 쇼이블레Wolfgang Schäuble 독일 재무부 장관, 필립 해먼드Philip Hammond 영국 재무부 장관, 구로다 하루히코黒田東彦 BOJ일본은행 총재도 이구동성으로 다양한 불확실성에도 강력한 복원력을 보여 주고 있는 글로벌 경제가 당장은 큰 문제 없이 회복 추세를 이어 갈 것으로 전망했다.

라가르드 총재는 "IMF가 수년 만에 처음으로 2017년과 2018년

다보스포럼에 참석한 크리스틴 라가르드 IMF 총재　　　　　　　　© 블룸버그

경기 전망을 하향 조정하지 않았다"며 글로벌 경기 전망에 좋은 신호라고 설명했다. IMF가 전망한 2017년과 2018년 글로벌 경제성장률은 각각 3.4%, 3.6%다. 잠정 집계한 2016년 성장률 3.1%를 웃도는 수치다. 라가르드 총재는 "2018년 미국 경제성장률을 상향 조정하는 등 선진국 경제가 기대했던 것보다 더 좋아졌고 완연한 회복 사이클에 들어갔다"며 "단기적으로 글로벌 경제 상승 여력이 있다"고 진단했다.

평소 보수적 경기 전망에 무게중심을 두는 쇼이블레 장관도 "IMF가 전망한 대로 글로벌 경제가 그리 나쁠 것 같지 않고 브렉시트 협상도 2017년 당장 유로존에 부정적인 영향을 미칠 사안은 아니다"라며 '아직까지'라는 전제를 달았지만 다보스포럼이 열리고 있는 현시점까지는 글로벌 경제가 긍정적이라고 밝혔다.

한국 1년 예산의 10배를 넘어서는 5조 달러 규모의 천문학적 자산을 운용하는 세계 최대 자산운용사 블랙록의 래리 핑크 회장은 "트럼프 당선 후 (경기 부양 기대감 때문에) 미국 내 자동차 판매가 크게 늘고 중소기업 경기 전망도 갈수록 낙관적으로 변화하고 있다"고 진단했다.

필립 해먼드 영국 재무부 장관은 "영국 경제는 2016년 탄탄한 가계 수요를 기반으로 주요 선진국 중 가장 빠른 성장세를 보이는 등 뛰어난 복원력을 보여 줬다"며 "브렉시트 때문에 곧바로 영국 경제가 커다란 타격을 받을 것으로 진단한 많은 브렉시트 회의론자들을 당혹스럽게 만들었다"고 주장했다.

PwC '글로벌 CEO 설문조사'도 긍정적

글로벌 회계 컨설팅 법인 PwC프라이스워터하우스쿠퍼스가 매년 다보스포럼 현장에서 발표하는 '글로벌 CEO 설문조사' 결과도 글로벌 경제에 대한 희망 섞인 분위기를 그대로 보여 줬다. 글로벌 정치 환경을 둘러싼 초불확실성으로 사업 리스크는 여전하지만 전 세계 주요 기업 CEO들은 2016년보다는 2017년 경기를 더 좋게 보는 것으로 조사됐다.

경기 전망을 어렵게 하는 불확실 요인이 적지 않지만 경제성장을

PwC 회장인 밥 모리츠가 다보스포럼에서 제20차 PwC 글로벌 CEO 설문 결과를 설명하고 있다. 불확실성이 커졌지만 2017년 경기를 낙관적으로 보는 CEO가 늘어났다는 점을 강조했다.

이끄는 주역인 글로벌 기업인들이 비관론에 휩싸이기보다는 긍정적인 측면을 더 많이 보고 있는 셈이다. 다만 글로벌 CEO들은 중·장기적으로 정치적 혼란에 따른 정책 리스크를 기업 경영 전망을 불확실하게 만드는 최대 리스크로 꼽았다. 정치 혼란과 이에 따른 불확실성이 단기에 그치지 않고 지속될 경우, 결국 정치가 경제의 발목을 잡을 수밖에 없다는 진단이다.

PwC 글로벌 CEO 설문조사에 따르면 앞으로 1년간 기업 매출이 늘어날 것이라고 답한 글로벌 CEO는 전체 설문 대상자의 38%로 전년35%에 비해 3%포인트 늘었다. 지난 2015년 39% 수준이었던 긍정적인 답변이 2016년 35%로 하락한 뒤 2017년 바닥을 찍고 반등한 셈이다.

설문조사 내용을 다보스포럼 현장에서 직접 발표한 밥 모리츠Bob Moritz PwC 회장은 "도널드 트럼프 미국 대통령 당선과 브렉시트에도 2017년 CEO들의 전망이 2016년보다는 개선됐다"며 "정치적 혼

2016년 대비 매출 증가 예상한 CEO비율

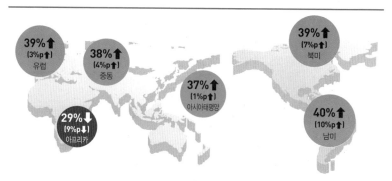

2017년에 전년 대비 매출이 증가할 것으로 예상한 비율.

CEO들이 꼽은 5대 리스크(복수응답)

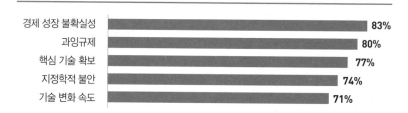

경제 성장 불확실성	83%
과잉규제	80%
핵심 기술 확보	77%
지정학적 불안	74%
기술 변화 속도	71%

6년 만에 달라진 성장 기대국 순위

단위: %

기관 신뢰 정도

단위: %

자료: 글로벌 CEO 설문조사(PwC)

란상이 경제에 미치는 악영향이 예상보다 크지 않다고 본 것"이라고 설명했다. 트럼프 대통령 당선으로 혼란에 빠진 미국에서조차 CEO들의 경기 전망이 개선됐다. 설문조사에 참여한 미국 CEO 중 39%가 향후 1년간 기업 매출이 늘어날 것이라고 답했다. 2016년보다 6%포인트나 상승한 수치다.

트럼프 대통령의 불명확한 정책 리스크에 대한 불안감에도 감세와 대규모 인프라스트럭처 투자를 골자로 하는 트럼프노믹스 경기 부양책에 대한 기대감이 반영된 것으로 보인다. 중국 기업 CEO들의 성장 전망도 35%를 기록했는데 2016년 수치보다 11%포인트 상승한 것이다.

이처럼 이번 설문조사 결과 아프리카를 제외하고 전 세계 모든 지역에서 CEO들의 경기 전망이 개선된 것으로 나타났다. 지역별로 연내 기업 매출이 늘어날 것이라고 본 CEO 비중은 북미 39%2016년 대비 7%포인트 증가, 유럽 39%3%포인트 증가, 아시아태평양 37%1%포인트 증가, 중동 38%4%포인트 증가, 남미 40%10%포인트 증가, 아프리카 29%9%포인트 감소로 나타났다.

특히 신흥국 경제를 대표하는 인도와 브라질 CEO들의 2017년 기업 성장 전망이 상대적으로 더 높게 나와 주목을 끌었다. 2017년 기업 매출이 증가할 것이라고 답변한 인도 CEO 비율은 71%에 달했다. 기업 매출 증가를 전망한 브라질 CEO 비중도 전년의 2배 수준인 57%로 조사됐다. 대통령 탄핵 사태로 초래된 최악의 경제 위기 상황에서 벗어나고 있다는 안도감이 긍정적인 기업 미래 전망으로 이어졌다는 분석이다.

호주43%, 영국41% 등도 CEO들의 긍정적인 답변 비율이 높았다. 글로벌 CEO들의 긍정적 답변이 2016년에 비해 높아진 것은 대대적인 인프라 투자 확대를 천명한 트럼프 정부 출범에 따른 경기 부양 기대감과 세계 최대 경제대국 미국 경기 회복세 지속 속에 전 세계적인 낙수효과가 가시화될 것이라는 희망 섞인 전망이 반영됐다는 진단이다.

다만 상기석으로 보면 글로벌 CEO들의 불안감이 완전히 가신 것은 아니다. 2008년 글로벌 금융 위기 이전과 추세적으로 비교할 때 CEO들의 기업 성장에 대한 낙관 비율은 여전히 낮은 상태다. 단기적 전망과 달리 CEO들의 장기적 전망에 대한 자신감이 떨어지는 이유는 경제가 아니라 정치에 있다고 보는 시각이 우세하다.

요한 아우리크Johan C. Aurik AT커니 CEO는 "경제적 측면에서 우려를 표시하는 기업들은 줄었고 심지어 낙관론을 펼치기도 하지만 지정학적 리스크를 이야기할 때는 앞날을 알 수가 없다며 사람들의 미간이 찌푸려진다"고 지적했다.

정치적 리스크와 함께 글로벌 CEO들은 과잉 규제, 불확실한 경제성장, 핵심 기술 확보 어려움, 지정학적 불안, 가파른 기술 변화 속도를 기업 성장을 위협하는 5대 요소로 꼽았다. 이번 설문은 2016년 9월부터 12월까지 실시됐고 79개국 1,379명의 CEO가 참여했다. PwC는 매년 1,000명 이상의 글로벌 CEO를 대상으로 설문조사를 하고 있다. 2017년이 20회째다.

포퓰리즘 경제 정책과 트럼프 탠트럼

모처럼 다보스포럼 현장에서 글로벌 경제에 대한 긍정적 전망이 우세했지만 전 세계적으로 확산되는 대중영합주의적인 정치 리스크에 대한 우려도 상당했다. 그중에서도 트럼프 리스크가 최우선적으로 꼽혔다. 당장은 감세, 인프라 확대, 규제 완화로 이어지는 친성장 정책을 약속한 트럼프노믹스에 대한 기대감으로 2017년 초반 시장이 랠리를 이어가고 있지만 트럼프노믹스가 사상누각이라는 점을 인식하기 시작하면 글로벌 경제가 넘기 힘든 장애물에 직면하게 될 것이라는 진단이 적지 않았다.

'트럼프 탠트럼'을 걱정하는 포럼 참석자들도 많았다. '탠트럼 Tantrum'은 특정한 행위로 인해 경제가 발작을 하듯 혼란에 빠지는 것을 말한다. 지난 2013년 5월 벤 버냉키 당시 미국 연방준비제도이사회_{연준} 의장이 의회 연설에서 경기 부양을 위해 시장에 돈을 무차별적으로 쏟아붓는 QE 규모를 줄이는 '테이퍼링'을 시사한 뒤 세계 경제가 대혼란에 빠진 바 있다.

연준이 유동성을 줄일 수 있다는 우려 때문에 금리가 치솟고 달러화가 초강세로 돌아서면서 신흥 시장에서 뭉칫돈이 빠져나가고 주가가 폭락하는 등 긴축 발작이 나타나면서 세계 경제는 몸살을 앓았다.

이처럼 '테이퍼 탠트럼'이 당시 맹위를 떨쳤는데 트럼프 대통령의 경제 정책이 세계 경제에 줄 충격을 설명하기 위해 트럼프 탠트럼이라는 신조어가 생겨났다. 트럼프 대통령의 보호무역주의적인 조치로 인해 세계 무역이 얼어붙고 무역 전쟁과 통화 전쟁이 촉발돼 수출 국가들이 타격을 받고 세계 경제가 혼란에 빠질 수 있다는 공포감을 보여 주는 신조어다.

다보스포럼 현장에서 만난 누리엘 루비니 뉴욕대 경제학과 교수는 모처럼 '닥터 둠_{경제비관론자}'의 본색을 드러냈다. 루비니 교수는 트럼프의 불일치하는 정책 조합Policy Mix에 대해 비판적인 시각을 노골적으로 드러내면서 트럼프가 약속히는 미국 제조업 르네상스는 결코 현실이 되지 못할 것으로 단언했다.

또 루비니 교수는 "이치에 맞지 않는 트럼프 정책 조합이 결국 제조업에 피해를 주고 일자리 상실로 이어질 것"이라고 경고했다. 트럼프노믹스 근간인 재정 부양책과 감세는 미국 재정 적자를 키울 수밖에 없다. 지금도 엄청난 재정 적자에 시달리고 있는데 세수가 뒷받침되지 않는 상태에서 재정 규모를 늘리기 위해서는 빚을 더 내는 수밖에 없기 때문이다.

빚을 끌어다 쓰려면 기업에서 채권을 발행하듯 국가는 더 많은 국채를 발행할 수밖에 없다. 국채 발행 규모가 커질수록 미국 재정 적자는 눈덩이처럼 커지고 빚이 많은 나라의 국가 신용도는 떨어지게 된다. 국가 신용도가 떨어지는 상황에서 더 많은 국채를 발행해 시장에서 소화시키려면 투자자 유인 차원에서 더 높은 이자를 줄 수밖에 없다. 그만큼 이자 부담이 커지고 이자 부담이 커지는 것만큼 재정 적자 규모는 더 확대되는 악순환의 고리가 강화된다.

돈이 더 많이 풀리면 인플레이션 압력은 높아지고 미국 연준은 과도한 인플레이션 발생을 미연에 방지하기 위해 기준금리 인상에 속도를 내게 된다. 금리가 오른다는 것은 돈의 값이 오르는 것을 의미하기 때문에 달러화 강세 추세가 강화된다. 트럼프노믹스가 필연적으로 달러 강세로 연결될 수밖에 없다는 얘기다.

달러 강세는 미국 수출 기업들의 가격 경쟁력 하락을 의미한다. 강強달러 추세가 심화되면 세계 시장에서 미국산 제품 가격이 올라가게 돼 수출 기업 경쟁력이 떨어진다. 경쟁력을 상실한 수출 기업들의 공장 가동률은 떨어지고 이는 일자리 삭감으로 연결된다. 궁극적으로 트럼프가 유세 기간 내내 약속했던 제조업 일자리 창출은커녕 오히려 일자리가 줄어드는 부메랑 효과를 초래할 것이라는 지적이다.

루비니 교수는 "공급 측 경제학이 주장하는 낙수효과Trickle-down 경제 정책은 백인 노동자층에 도움이 되지 못할 것"이라며 "강달러는 트럼프를 더 강한 보호무역주의자로 만들어 세계화, 무역 그리고 이민을 반대하도록 할 것"이라고 주장했다. 루비니 교수가 적용한 연준 모델에 따르면 추세적인 달러 강세 때문에 2018년까지 미국 제조업 일자리 40만 개가 사라지고 트럼프가 강달러 추세를 꺾기 위해 구두 개입에 나서겠지만 달러 강세를 부추기는 펀더멘탈 때문에 결국은 실패할 것으로 내다봤다.

트럼프노믹스발 강強달러가 덫

루비니뿐만 아니다. 세계 최대 자산운용사 블랙록의 래리 핑크 회장도 가파른 달러 강세가 몰고 올 후폭풍을 심각하게 바라봤다. 핑크 회장은 달러 강세가 당분간 지속되면서 미국 제조업 수출 경쟁력에 악영향을 줄 뿐만 아니라 트럼프 행정부와 연준 간 갈등이 촉발될 수 있다고 경고했다.

핑크 회장은 "세계 최대 경제 규모를 자랑하는 미국이 시끄럽고 소란스럽고 그리고 강한Loud, Noisy and Strong 경제 정책을 시행할 것으로 보인다"며 "이 같은 경제 정책은 미국 경제성장세와 달러 강세를 더 부추길 수 있다"고 내다봤다. 경기 회복에 따른 인플레이션 압력이 높아지면 연준이 2017년 금리를 추가 인상할 것이고 이로 인해 달러 가치가 '상당한significantly' 수준으로 추가 상승할 수 있다는 게 핑크 회장 분석이다. 때문에 금리 인상 속도를 놓고 트럼프 대통령과 연준 간 사이가 틀어지면서 마찰과 갈등이 불가피할 것으로 진단했다.

실제로 연준이 2017년에 세 차례 정도 금리 인상을 단행할 경우, 달러 강세는 더욱 심화될 수밖에 없다. 이로 인해 트럼프와 재닛 옐런 연준 의장 간 갈등 관계가 최고조로 치달을 수 있다. 2016년 대선 기간 중 트럼프는 옐런 연준 의장이 오바마 정부 연장선인 힐러리를 돕기 위해 일부러 금리 인상을 늦추고 있다고 비난하고 자신이 대통령이 되면 옐런 의장을 연임시키지 않겠다고 압박한 바 있다. 옐런 의장 임기는 2018년 초 마무리된다.

그런데 이제는 옐런 의장이 매파적인 발톱을 드러내면서 트럼프 입장이 난처해지게 됐다는 분석이다. 대선 때와는 달리 이제 트럼프는 달러 강세 추세를 한층 강화시킬 수 있는 급격한 금리 인상보다는 완만한 금리 인상을 선호한다. 때문에 대선 때와는 정반대로 금리 인상을 서둘지 말라는 신호를 보내는 등 달러 강세를 잡으려고 노력하고 있지만 트럼프 의도대로 연준이 움직일 것 같지 않다는 진단이다. 연준과 트럼프 대통령의 불협화음이 미국 경제에 상당한 하방 리스크로 작용할 수 있다는 분석도 나온다. 또 가장 피해야 할 시나리오로는 강달러와 금리 인상이 대규모 재정 적자와 결합되면서 초래되는 악순환이라고 핑크 회장은 지적했다.

핑크 회장은 트럼프 대통령이 해외 상대국과의 관계 개선에도 관심을 기울여야 한다고 충고했다. 무역상대국들에 대한 미국의 행동이 달러 향방에 영향을 준다는 점에서 채무국과의 관계를 악화시키지 않도록 주의해야 한다는 주문이다. 미국의 1, 2위 채권국은 일본과 중국이다. 핑크 회장은 "나는 항상 당신의 채권자들에게 상냥하게 대하라고 말해 왔다"고 강조했다.

라가르드 IMF 총재도 "가파른 강달러에 따른 부정적 영향, 정치적 불확실성, 보호무역주의에 따른 무역마찰과 같은 심대한 꼬리 리스크가 경기 회복세를 탈선시킬 수 있다"며 "위험은 여전히 많고 각국 지도자들은 무역과 세제 정책을 놓고 최악의 경쟁을 않도록 해야 한다"고 주문했다.

미국 경제를 낙관하는 다이먼 JP모간체이스 회장도 "시장은 트럼프가 꺼내 든 약속이 다 이행될 것으로 생각하지는 않지만 일부분만이라도 기대를 하고 있다"며 "세제 개혁 분야에서 변화가 있겠지만 9~12개월은 걸릴 것이다. 실제로 구체적인 조치가 있어야 한다"며 행동으로 옮겨 줄 것을 요구했다.

트럼프발 쌍둥이 적자

미국 무역 적자는 어제오늘의 일이 아니다. 지난 수십 년간 미국 무역 적자는 눈덩이처럼 커져 왔다. 미국 무역 적자가 확대되는 데는 여러 가지 이유가 있다.

가장 먼저 생각할 수 있는 게 미국 국민들의 과다소비다. 수입 여력을 넘어서는 소비 때문에 수입품이 그만큼 늘어나는 것으로 볼 수 있다. 또 미국 기업들의 생산성 그리고 수출 경쟁력이 해외 기업에 비해 떨어지는 점도 무역 적자 확대에 일조했다. 세계 시장에서 가격이든 질이든 경쟁력이 떨어지기 때문에 수입품에게 밀려난 것으로 볼 수 있기 때문이다.

결국은 생산성을 끌어올리든가 소비를 줄여야만 무역 적자를 축소시킬 수 있다. 하지만 이런 근본적인 문제 인식 없이 트럼프 대통령은 불공정 경쟁 행위 때문에 무역 적자가 확대된다고 주장하고 있다. 미국의 무역상대국들이 환율을 조작하거나 관세·비관세 장벽을 높이고 있기 때문에 정상적인 경쟁이 안 된다는 주장을 내놓고 있다.

이 때문에 대미 무역 흑자가 많은 국가를 상대로 환율조작국으로 지정하거나 관세를 부과하겠다는 위협과 함께 보호무역 기치를 높이고 있다. 하지만 생산성과 미국 국민의 과다소비 문제를 풀지 않고서는 미국 무역 적자가 줄어들기 힘들다는 게 다보스포럼 참석자들의 진단이다.

여기에다 트럼프 행정부는 감세와 정부 투자 확대에 나서겠다고

트럼프 당선 후 더 상승한 달러 인덱스 지표

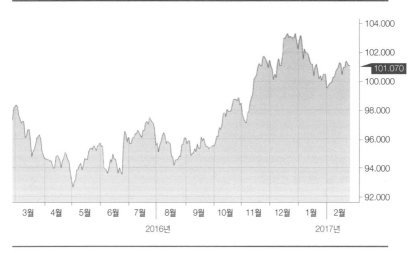

자료: 블룸버그

공언한 상태다. 이 같은 트럼프노믹스에도 경제가 살아나지 않는 다면 감세로 인해 세수 부족은 더욱 심각해지고 정부 투자 확대 정책으로 인해 정부가 써야 할 돈은 더욱 늘어날 수밖에 없다. 재정 적자가 확대될 가능성이 커진다는 이야기다.

시장에서는 지난 1980년대 레이건 시대나 2008년 글로벌 금융 위기 후 대대적인 정부 지출 확대로 재정 적자가 급증해 무역 적자 와 함께 쌍둥이 적자가 과도하게 커졌던 상황이 재연될 수 있다는 경고를 내놓고 있다. 글로벌 신용등급업체 S&P는 미국 재정 적자 확대를 이유로 지난 2013년 미국의 AAA 신용등급을 박탈해 미국 경제에 큰 충격을 준 바 있다.

트럼프노믹스가 이처럼 레이거노믹스 전철을 밟는다면 트럼프가 주장해 온 제조업 경기 활성화가 쉽지 않을 수 있다는 진단이다. 레이건 행정부 때 재정 적자가 큰 폭으로 확대되면서 장기금리가 뛰었고 이는 달러 강세를 부추겨 무역 적자를 키우는 악순환을 가져왔다. 이 같은 쌍둥이 적자로 인해 미국 제조업이 몰락했다고 분석하는 전문가들이 적지 않다.

트럼프발 통화 전쟁

달러 강세가 미국 수출 업체 발목을 잡는 최대 장애물이 될 것이라는 전망이 확산되면서 트럼프는 대미 무역흑자국을 상대로 전방위 공격을 진행하고 있다. 일단 고율의 관세 부과와 국경세 카드를 노골적으로 꺼내 드는 한편 대미 무역흑자국에 대해 환율조작국으로 지정할 수 있다는 위협을 가하고 있다. 이미 중국, 일본, 독일에 대해서는 환율을 조작해 불공정한 무역을 하고 있다며 선전포고를 한 상태다. 트럼프의 이 같은 거친 공세는 미국의 거대한 무역 적자가 상대 국가의 불공정한 무역 조치 때문이라는 논리에 바탕을 두고 있다. 그 이상 그 이하도 아니다.

미국의 높은 임금과 생산성 문제도 있지만 트럼프에게는 관심의 대상이 아니다. 대선 캠페인 때부터 미국우선주의를 무역과 경제에 적용해 무역 적자를 줄이겠다고 공약했고 정치적 기반이 약한 대신 포퓰리즘에 기반을 둔 대중영합적 정치를 하고 있는 트럼프 행태로 보면 환율조작국 지정을 실제 밀어붙일 개연성도 커 보인다. 미국산 제품 수출이 늘어나면 제조업이 활성화되고 그에 따라 일자리가 창출될 것이라는 단순한 논리다. 제조업이 몰락한 미국 중북부 러스트 벨트 지역에서 트럼프가 힘을 발휘했던 것은 미국우선주의적인 경제 정책을 무차별적으로 내놨기 때문이다.

결국 트럼프가 환율조작국을 지정한다면 미국을 상대로 많은 무역 흑자를 거둔 나라가 타깃이 될 수밖에 없다. 중국과 일본 등 미국을 상대로 200억 달러가 넘는 무역 흑자를 낸 나라는 10곳이다. 무역 흑자 200억 달러 이상의 잣대를 들이댄 것은 미국이 환율조작국을 지정하는 세 가지 요건 중 하나이기 때문이다.

미국 상무부 등에 따르면 미국의 2016년 무역 적자는 5,023억 달러로 2012년 이후 4년래 가장 많은 적자를 냈다. 이 중 중국이 미국을 상대로 거둔 무역 흑자 규모는 3,470억 달러에 달한다. 2016년 미국의 대외 무역 적자의 절반에 가까운 막대한 금액이다. 일본, 독일, 멕시코의 대미 무역 흑자 규모도 600억 달러를 훌쩍 넘었다. 다음은 아일랜드, 베트남이 300억 달러가 넘는 흑자를 냈고 이탈리아 285억 달러, 한국 277억 달러, 말레이시아 248억 달러, 인도 243억 달러도 대미 무역 흑자 규모가 컸다.

미국 재무부는 무역상대국에 대해 대미 무역 흑자 200억 달러 이상, 경상수지 흑자 규모 해당국 GDP의 3% 이상, 외환시장 개입 증거 확보라는 세 가지 조건을 충족하면 환율조작국으로 지정하고 있다. 이와 관련해 미국 재무부는 2016년 10월 내놓은 환율 보고서를 통해 한국, 중국, 일본, 독일, 대만, 스위스 6개국을 환율관찰대상국으로 지정한 바 있다. 환율조작국으로 의심은 되지만 세 가지

조건을 충족하지 않는 국가를 대상으로 환율 조작 여부를 주도면밀하게 지켜보겠다는 경고의 신호로 볼 수 있다.

이미 트럼프 행정부는 대미 무역 흑자 규모가 1~3위인 중국, 일본, 독일을 환율조작국으로 지목, 통화 전쟁을 준비하고 있다. 4위인 멕시코에 대해서는 국경장벽 설치와 국경세 20% 부과 등을 검토 중이다. 환율조작국으로 지정하거나 초강경 무역보복 조치를 취하겠다는 심산이다.

환율조작국으로 지정할 수 있는 세 가지 요건을 완화해 환율조작국 지정을 쉽게 할 것이라는 이야기도 나오고 있다. 당장 미국이 한국을 겨냥하지 않더라도 중국, 일본 등과의 환율 전쟁이 격화될 경우, 불똥이 한국에 튈 개연성이 크다. 한국 정부가 미국산 셰일가스 수입 규모를 확대할 계획을 밝히는 등 대미 경상수지 흑자를 줄이는 방안을 추진하고 있는 것은 이 때문이다.

또 트럼프 행정부가 글로벌 무역수지 계산법을 자의적으로 변경하는 방식으로 대미 적자를 실제보다 더 부풀려 NAFTA북미자유무역협정, 한미 FTA 재협상을 압박하고 관세를 올리는 핑계로 활용할 수 있다는 지적도 나오고 있다. 이와 관련해 중간재를 수입한 뒤 최종 완성품을 만들어 제3국으로 다시 수출하는 '재수출Re-export'을 수출 집계에서 빼는 식으로 미국 대외 무역 적자를 부풀릴 것이라는 언론 보도가 나온 상태다.

이처럼 재수출액을 수출 집계에서 뺄 경우 가장 큰 피해를 보는 국가는 멕시코가 될 전망이다. 미국이 재수출하는 최종 완제품을 가장 많이 수입하는 나라가 멕시코이기 때문이다. 2016년 미국의 대對멕시코 무역 적자는 631억 달러였는데 재수출액을 수출에서 뺄 경우 적자 규모가 2배 가까운 1,154억 달러로 늘어나는 것으로 분석되고 있다.

국경세도 멕시코에 커다란 부담이다. 정확한 명칭은 '국경조정세 Border Adjustment Tax'인데 미국 제조업 부흥을 위해 수출 기업 수출품에는 세금을 물리지 않고 수입품에 20% 관세를 부과하는 것을 말한다. 이 같은 국경세 부담을 떠안지 않으려면 해외 공장을 다시 미국으로 재배치시키는 '리쇼어링Reshoring'에 나서야 한다. 트럼프 대통령의 국경세 압박으로 GM, 포드 등 미국 기업들이 멕시코 공장 건설 계획을 백지화하고 미국 내 공장 건설로 돌아섰다. 도요타는 물론 한국 삼성전자 등도 미국 투자를 확대해야 하는 상황으로 내몰리고 있다.

제2의 플라자 합의

달러화의 과도한 강세를 막기 위한 트럼프 대통령의 구두 개입이 수포로 돌아갈 경우, 미국 정부가 30년 전 주요 무역상대국을 압박해 공식적으로 달러 강세 추세를 약세로 돌린 플라자 합의Plaza Accord와 같은 극약 처방을 할지도 모른다는 전망이 다보스포럼 현장에서 나왔다.

아베 신조 일본 총리의 아베노믹스 큰 그림을 그린 경제 자문관 하마다 고이치 예일대 교수는 다보스포럼에 참석해 "트럼프 대통

플라자 합의 후 미국의 대일 및 대중 무역 적자

단위: 백만 달러

자료: 미국 통계국, 하버애널리틱스

령이 제2의 플라자 합의를 통해 달러 약세를 유도할 수도 있을 것"
으로 내다봤다.

플라자 합의는 과도하게 커진 쌍둥이 적자로 인해 미국 경제에
암운이 드리우자 미국 주요 무역상대국에게 직접 달러 강세를 막
아 달라고 요청, 달러 약세를 유도한 조치를 말한다.

지난 1985년 9월 22일 당시 레이건 행정부의 제임스 베이커 미국
재무부 장관은 뉴욕 플라자호텔에서 G5프랑스, 독일, 일본, 영국 재무부 장
관들을 모아 놓고 외환시장 개입을 통해 인위적으로 일본 엔화와
독일 마르크화 가치를 올려 줄 것을 요청했다. 미국 정부가 인위적
으로 달러 약세를 유도, 미국 기업들의 수출 경쟁력을 높이고 이를

통해 무역수지 적자 규모를 줄이기 위해서였다. 각국은 미국의 압박을 무시할 수 없었던 데다 과도한 달러 강세가 전 세계 경제에 심각한 위협이 될 수도 있다는 불안감에 미국의 요청을 받아들였다.

플라자 합의 후 독일 마르크화는 1주일 만에 달러화에 대해 7%, 엔화는 8%가량 각각 큰 폭으로 올랐다. 플라자 합의 직전 달러당 240엔 선에서 움직였던 엔화는 그해 말 200엔, 3년 뒤인 1988년에 120엔 선까지 찍었다. 플라자 합의 후 3년 만에 달러 대비 엔화 가치가 2배 치솟은 셈이다. 플라자 합의 후 2년 만에 달러 가치는 엔화, 마르크화 등 주요 통화 대비 평균 30% 이상 평가절하됐다.

이처럼 플라자 합의 후 달러가 가파른 약세에 접어들자 수출이 급속도로 회복됐고 미국 경제는 경기 침체에서 벗어났다. 또 1990년대에 들어 IT를 기반으로 생산성이 급격하게 개선되고 성장성 있는 새로운 산업이 생겨나면서 경제가 급격히 성장하고 물가는 안정되는 '신경제New Economy' 시대가 열리면서 고성장을 이어갔다.

반면 일본 경제는 엔고 현상이 심화돼 수출 기업들의 가격 경쟁력이 떨어지면서 수출이 급격히 감소하고 실적이 악화돼 경제가 활력을 잃어 갔다. 경기를 살리기 위해 일본 정부는 금리를 떨어뜨리는 등 통화 완화 정책을 펼쳤지만 풀린 돈이 생산적인 곳으로 유입되지 않고 부동산과 주식시장으로 쏠리면서 자산 거품이 커졌다. 이후 자산 거품이 꺼지면서 일본 경제는 저성장에서 헤어나지 못하는 등 잃어버린 30년을 보내야 했다.

신흥국 후폭풍

트럼프발 재정 부양책과 감세 정책에 따른 장기금리 상승과 보호무역주의는 신흥국 경제에도 도전이다. 미국발 금리 상승은 아직도 저성장에 허덕이고 있는 신흥국에게는 큰 위협이다. 미국발 금리 상승으로 전 세계적인 도미노 금리 인상 바람이 불면 그렇지 않아도 이제 막 회복 국면으로 접어든 신흥국 경제에 큰 부담이 될 수밖에 없기 때문이다.

금리 상승은 기업 금융비용 상승으로 이어져 투자 위축과 실적 악화로 연결될 수 있다. 또 아직도 부채 디레버리징빚 줄이기에 여념이 없는 각국 가계도 금융비용 상승으로 소비를 줄여야 하는 어려움에 직면할 수 있다는 점에서 걱정거리다. 국가 차원에서도 국제 금융시장에서 차입금리 상승 부담을 떠안아야 한다. 과다 부채 부담을 안고 있는 신흥국의 경우, 이자 부담이 커지면 부채 규모가 더 확대되는 이중고에 시달릴 수밖에 없다.

또 달러 강세 현상은 신흥국에서 미국 달러화 표시 자산으로의 '머니 무브'를 촉발시킬 수 있다. 최악의 경우, 신흥국에서 뭉칫돈이 빠져나가면 달러 부족에 따른 외환 위기가 발생할 수 있다.

다보스포럼에 참석한 페데리코 스터제네거Federico Sturzemegger 아르헨티나중앙은행 총재는 "트럼프 행정부의 경기 부양책과 보호무역주의적인 정책은 아르헨티나 등 많은 신흥국에게는 도전"이라고 우려했다.

더 큰 걱정거리는 트럼프 대통령이 노골화하는 보호무역 정책이다. 멕시코의 경우, 20%대 국경세 부과 위협에 바짝 긴장하고 있다. 그동안 미국에 수출하는 전 세계 많은 나라들이 멕시코에 공장을 건설했다. 미국과 이웃하고 있으면서 인건비는 미국보다 훨씬 저렴한 멕시코에서 생산한 제품을 무관세로 미국에 수출할 수 있었기 때문이다. 하지만 트럼프가 공언한 국경세가 실제로 부과되면 이 같은 수출 경로가 막힐 수밖에 없다. 2016년 말 현재 대미 수출이 멕시코 총수출에서 차지하는 비중은 82% 수준으로 미국으로의 수출길이 막히면 멕시코 경제는 생존의 위협에 직면할 수밖에 없다.

이와 관련해 아란차 곤잘레스Arancha González ITC국제무역센터 사무총장은 "무역Trade이 지구상 모든 나라들이 안고 있는 모든 문제를 온몸으로 받아내는 피뢰침the Lightning Rod이 되고 있다"며 무역을 고립주의적인 시각에서 바라봐서는 안 된다고 주문했다. 대중영합적인 리더들이 자유무역을 국가 분열과 경제 불평등을 초래한 원흉으로 지목해 희생양으로 만들고 있는 행태를 당장 중단해야 한다는 주장이다. 곤잘레스 사무총장은 "무역이라는 것은 제로섬게임이 아니고 윈윈게임"이라고 강조했다. 그러면서 곤잘레스 사무총장은 "무역은 10억 명의 사람들을 빈곤에서 탈출시켰다. 어떤 사람들이 무역이 좋지 않다고 말할 것인가?"라고 반문했다.

트럼프가 다자무역 시스템을 거부하고 쌍무협정에 무게중심을 두고 있는 점을 경계하는 목소리도 다보스포럼 현장에서 쉽게 들을 수 있었다. 공정한 룰에 기반을 둔 다자무역 시스템하에서는 약소국이라도 일정한 목소리를 낼 수 있지만 국가 간 개별 협상에 따른 무역 시스템하에서는 덩치가 큰 쪽의 힘에 휘둘릴 수밖에 없다는 지적이다.

연내 미국 기준금리 인상 두 번이냐 세 번이냐?

IMF는 신흥 시장 성장률이 2016년 4.2%에서 2017년에는 4.6%로 상승할 것으로 예상했다. 하지만 트럼프발 글로벌 경제 불확실성이 커지면서 신흥 시장에서 빠르게 뭉칫돈이 이탈하고 있어 IMF 전망이 맞아떨어질지에 대한 비관적인 시각이 확산되고 있다.

IIF국제금융협회에 따르면 지난 2016년 신흥 시장으로 순유입된 비거주자 자금은 280억 달러로 2008년 이후 가장 낮은 수준이다. 보호무역주의 기치를 드높이고 있는 트럼프 취임 후 수출에 의존하는 신흥국 경제가 혼란에 빠지지 않을지에 대한 불안감이 여전한 상황이다.

'글로벌 성장시장 전망'에 참여한 패널리스트들은 신흥시장 경제에 대해 6~7점 정도의 점수를 줬다. 1은 저성장 고위험이고 10은 고성장 저위험이기 때문에 신흥 시장을 다소 긍정적으로 보고 있는 것으로 평가됐다.

신흥 시장에 큰 영향을 미치는 연준 기준금리 인상 속도 전망과 관련, 카르멘 라인하트Carmen M. Reinhart 하버드대 케네디스쿨 교수는 "기준금리 인상은 많아도 두 차례를 넘지 않을 것"이라며 "(연내에 연준이 시사한 세 차례 기준금리 인상이 어려운 데는) 미국 국내적인 이유 두 가지와 국외적인 이유 한 가지가 있다"고 설명했다.

국내적인 이유 중 첫 번째는 금리 인상이 미국 경제성장률을 낮출 것이라는 점이다. 기준금리 인상으로 성장률이 떨어지는 상황이 연출된다는 점을 감안하면 연내에 세 차례나 금리를 올리기 힘들다는 얘기다. 많아야 두 차례에 그칠 것이라는 진단이다.

두 번째 이유는 공공 및 민간 부문 빚이 많다는 점이다. 부채 관리가 필요한 시점에서 금융비용을 확 늘리는 무리한 세 차례 금리 인상 카드를 쓰기 쉽지 않다는 분석이다. 여기에 외부적인 요인으로 ECB유럽중앙은행, BOJ일본은행, PBOC인민은행 등 주요 해외 중앙은행들이 여전히 유동성을 키우는 통화 완화 정책을 쓰고 있는 상태에서 미국만 나 홀로 가파른 금리 정상화에 나서기 힘들 것으로 봤다.

반면 헤지펀드 록크릭Rock Creek의 창업자 겸 CEO인 아프자네 마샤예키 베시로스Afsaneh Mashayekhi Beschloss는 "연준이 앞으로 매 분기마다 한 차례씩 금리를 올려 2017년 총 세 차례 금리를 올릴 것"으로 전망했다. 베시로스 창업자는 "미국 일부 지역에서는 임금 인상과 인플레이션 징후가 나타나고 있다"며 "옐런 의장도 다운사이드경기침체 리스크보다는 업사이드경기과열 리스크를 더 크게 보고 있는 것 같다"고 분석했다. 특히 트럼프 대통령의 인프라 투자와 감세 정책이 현실화될 경우, 금리 인상 속도가 더 빨라질 것으로 내다봤다.

류밍캉Liu Mingkang 홍콩중문대 수석연구위원전 중국은행장은 트럼프 정책에 대해 미국 의회가 얼마만큼 견제를 할지에 따라 연준 기준금리 인상 속도가 달라질 것으로 진단했다. 류 위원은 "트럼프 정책이 의회에서 얼마나 견제받는지에 따라 다르다"며 "견제가 거의 없다면 연준은 매 분기마다 0.25%포인트씩 세 차례 금리를 인상할 것"으로 예상했다. 류 위원은 "만약 트럼프 정책으로 미국 부채 규모가 급증하는 등의 상황이 발생하면 의회 예산심사가 엄격하게 이뤄질 수 있다"며 이런 상황이 벌어지면 금리 인상 속도가 다소 줄어들 수 있다고 진단했다. 의회의 견제로 트럼프가 원하는 만큼 경기 부양 조치를 취하지 못할 수 있다는 얘기다.

류 위원은 "연준이 2017년 세 차례 금리를 인상할 것으로 예상하지만 그래도 미국 경제는 2% 이상 성장할 것"으로 전망했다.

연준 금리 인상에 따른 달러 강세와 신흥 시장에 미칠 파장도 관심사였다. 금리 인상은 달러 강세로 이어지고 신흥국 통화 약세로 연결될 개연성이 크다.

라인하트 하버드대 교수는 "저금리 환경에서 많은 신흥국 기업과 국가가 달러화 차입을 늘려 왔다"며 "달러 부채가 많은 기업이나 국가에게 강달러는 좋은 소식이 아니다"고 지적했다. 라인하트 교수는 "반면 달러 차입이 많지 않은 아시아 국가와 기업들은 자국 통화 가치 약세를 통한 수출 경쟁력 강화로 수출 부분에서 이득을 볼 수 있을 것"이라고 설명했다.

프라빈 고르단Pravin Gordhan 남아프리카공화국 재무부 장관은 "미국이 재채기를 하면 다른 나라는 독감에 걸린다"며 "지난 2013년 미국발 테이퍼 탠트럼긴축 발작 충격이 신흥 시장에 곧바로 영향을 준다는 점을 경험했다"고 강조했다. 고르단 장관은 "지난 2년 반 동안 연준은 과거와 달리 통화 정책이 신흥 시장에 미칠 부정적인 영향에 대해 신중하고 조심스러워졌다"며 "연준이 통화 정책을 결정할 때 미국 외 지역도 고려해야 한다는 교훈을 잊어서는 안 된다"고 주문했다.

두바이에 본사를 둔 아브라즈그룹Abraaj Group의 아리프 나크비Arif Naqvi 창업자 겸 CEO는 "우리는 신흥 시장을 선진국 줄에 매달린 인형처럼 생각하고 있는데 향후 10년간 세계 경제성장의 2/3는 신흥 시장에서 나올 것"이라며 "코카콜라, 유니레버 같은 거대 기업들도 모두 신흥 시장에서 활동하기 때문에 신흥국 소비가 세계 경제에 미치는 영향이 매우 크다"고 진단했다.

나크비 창업자는 "트럼프 대통령이 보호무역주의를 내세우면 이는 브라질, 남아프리카공화국, 인도, 중국 기업들에 오히려 기회가 된다"며 "신흥 시장 간 무역이 활성화되는 계기가 될 것"이라며 역발상적인 진단을 내놨다.

나크비 창업자는 신흥시장을 크게 4개 범주로 나눠 봐야 한다고 주장했다. 첫 번째는 중국이다. 세계에서 두 번째로 큰 경제인 중국은 이제 신흥 시장으로 보기 어렵다는 것이다. 두 번째와 세 번째는 원자재 중심 국가와 소비 중심 국가로 달러 추세에 따른 정반대 영향을 받는 국가들이 있다. 주요 도시들을 네 번째 범주에 넣고 별도로 바라봐야 한다고 분석했다.

나크비 창업자는 "인도네시아 경제가 전체적으로 4% 성장한다면 수도 자카르타는 8% 성장한다"며 "도시의 성장은 해당 국가 성장을 이끌면서 해당 국가 성장 전망을 밝게 해 준다"고 설명했다.

금융 규제 완화 논란

도드-프랭크 법안 폐지되나

글로벌 금융 위기가 터진 후 1년 4개월여 만인 지난 2010년 1월 21일 버락 오바마 대통령은 글로벌 금융 위기를 촉발한 월가 금융 기관들의 과도한 리스크 감수와 도덕적 해이를 막기 위해 초강력 은행 규제 법안을 내놨다. 바로 도드–프랭크 법안Dodd-Frank Rule이다. 법안을 발의한 두 명의 미국 상하원 의원들의 이름을 붙인 것이다.

글로벌 금융 위기가 촉발되기 전에는 은행권이 부실화되더라도 국민 경제에 미치는 영향을 감안해 정부가 나서서 구제해 줄 것이라는 '대마불사론'이 시장을 점령했다. 때문에 은행들은 꼼꼼한 리스크 분석 없이 '대량금융살상무기'로까지 불린 위험한 파생상품을 만들어 이익을 취하다가 지난 2008년 글로벌 금융 위기를 초래한

만큼 정부 당국의 규제 감독 필요성이 커졌고 그 결과물이 도드–프랜크 법안이다.

글로벌 금융 위기가 터지기 전까지만 하더라도 대형 은행들은 정부 규제가 없더라도 '자기 규제Self-regulatory'를 통해 최상의 효율성을 발휘할 수 있다고 주장했다. 하지만 뚜껑을 열고 보니 고양이에게 생선가게를 맡긴 꼴이라는 게 증명되면서 시장 자율 기능에 대한 신화는 무너졌다. 정부의 시장 개입을 금지하고 시장 자율성을 금과옥조로 생각하는 신자유주의에 밀려 금융 당국이 규제를 과도하게 완화했다는 것이다. 그리고 이 같은 규제 실패가 글로벌 금융 위기를 조장했다는 반성 속에서 도드–프랭크법안이 탄생했다. 도드–프랭크 법안은 연준 의장을 지낸 폴 볼커 백악관 경제회복자문위원회 의장이 제안한 은행 규제안을 많이 수용했기 때문에 볼커룰Volker Rule이라고도 불린다.

불커룰의 골자는 예금과 대출을 취급해 투자 위험이 크지 않은 상업은행CB, Commercial Bank과 위험성이 상대적으로 큰 주식·채권 등 증권 인수와 판매는 물론 파생상품에도 투자하는 투자은행IB, Investment Bank 업무를 분리하는 것이다. 일반 가계예금을 다루는 상업은행이 아무런 규제 없이 투자은행처럼 위험한 투자에 나서는 것을 사전에 방지해 은행 부실화를 막기 위해서다.

자기자본투자PI, Proprietary Trading를 금지하는 내용도 있다. 자기자본투자는 말 그대로 은행이 고객 돈이 아니라 사내에 쌓아 둔 잉여금, 자본금이나 혹은 외부에서 빌린 돈으로 주식, 채권, 파생상품 등 금융상품이나 부동산에 투자하는 것을 말한다. 자기자본투자를 통해 많은 이익을 낼 수도 있지만 반대로 대규모 손실을 낼 수 있기 때문에 은행 입장에서는 상당히 큰 위험이 될 수 있다. 특히 자기자본투자를 금융 당국이 문제 삼는 것은 레버리지Leverage를 통한 과도한 차입으로 투자에 나선 뒤 통제 불능의 손실을 입으면 은행이 파산 위기에 내몰릴 수 있다는 점 때문이다.

실제로 2008년 글로벌 금융 위기를 촉발한 미국 투자은행들은 자기자본의 30배에 달하는 돈을 빌려 투기적으로 고위험성 싱품에 투자했다가 투자상품이 휴지조각이 되면서 대거 파산하거나 파산 위기에 몰린 바 있다. 보수적인 은행들이 이처럼 고위험 고수익에 집중하는 헤지펀드보다도 더 큰 레버리지를 가지고 위험한 도박을 벌이는 행태를 규제하기 위해 자기자본투자 거래를 원천적으로 금지하겠다고 나선 것이다.

월가 금융기관은 법안 마련 초기만 해도 2008년 글로벌 금융 위기를 촉발시킨 원죄 때문인지 별다른 반응을 보이지 않았다. 하지만 어느 정도 위기를 극복하고 실적도 회복된 뒤에는 도드-프랭크 법안의 과도한 규제가 금융 산업의 창의성을 억제한다며 노골적인 불만을 표출해 왔다. 2008년 글로벌 금융 위기 후 가장 위축됐던 산업을 꼽는다면 금융 산업일 것이라는 게 이들 월가의 주장이다. 글로벌 금융 위기 이후 글로벌 규제가 강화되고 저금리 추세가 고착화되면서 금융 산업 역동성이 크게 떨어졌다는 주장도 하고 있다. 그러면서 사베인스-옥슬리 법Sarbanes Oxley ACT과 같은 악법이 될 것이라는 주장을 내놓았다.

지난 2001년 발생했던 엔론, 월드컴 등 미국 대형 기업들의 초대형 회계 부정 사건 후 기업이 분식회계를 통해 투자자들을 속일 경우, 경영진과 회계법인을 처벌할 수 있도록 한 초강력 회계부정 방지 법안이 바로 사베인스-옥슬리 법이다. 월가 금융기관은 많은 기업과 금융기관들이 뉴욕을 떠나 런던으로 이동했다는 주장을 펼치기도 했다.

트럼프의 금융 규제 완화 깃발

그런데 월가 금융기관이 원군을 만났다. 바로 트럼프 대통령이다. 트럼프가 도드-프랭크 법안 완화를 들고 나왔기 때문이다. 사실 트럼프는 유세 기간 내내 월가 금융기관을 기득권층이라며 비판을 가해 왔다. 경쟁자였던 힐러리가 월가 금융기관으로부터 강연 대가로 수십만 달러를 받았다며 공격하고 강연 내용을 공개하라고 요구하기도 했다. 또 힐러리가 당선되면 기득권층인 월가 금융기관에게 좋은 일만 시키는 것이라고 주장하기도 했다. 그랬던 트럼프가 갑작스레 도드-프랭크 법안 폐기를 들고 나왔으니 월가 금융기관 입장에서는 천군만마를 만난 셈이다. 당초 도드-프랭크 법안 폐기를 들고 나왔다가 비판이 커지자 완화 쪽으로 방향을 틀었지만 그렇더라도 여전히 월가 금융기관에는 고마운 일이다.

트럼프 대통령은 이미 2017년 2월 금융 규제법인 도드-프랭크 법안의 일부 내용을 폐지하는 내용의 행정명령 2건을 발동했다. 관련 법안에는 강화된 금융 규제 요건을 일부 완화하거나 CFPB_{소비자금융}

2017년 다보스포럼에 참석한 래리 서머스 전 미국 재무부 장관(현 하버드대 교수). © 블룸버그

보호국 권한 대폭 축소 등이 포함됐다.

트럼프 대통령이 도드–프랭크 법안 완화를 들고 나온 표면적인 이유는 금융 규제 완화를 통해 기업들이 쉽게 대출을 받아 투자를 확대하고 이를 통해 성장과 일자리 창출을 하겠다는 것이다. 도드–프랭크 법안으로 인해 금융기관들이 과도하게 자본을 쌓아 놓고 있는데 이 같은 규제를 풀어 생산적인 곳으로 더 많은 대출이 이뤄지도록 하겠다는 의도다. 일각에서는 이 같은 표면적인 이유 외에 금융 규제 완화가 월가 로비의 결과물이라는 지적도 내놓고 있다. 실제로 도드–프랭크 법안이 시행된 지 7년째로 접어들었지만 전체 법안 내용의 30% 정도가 시행되지 못하고 있는데 이는 금융기관들의 로비 때문이라는 진단이다.

이처럼 금융 규제 완화는 다보스포럼의 뜨거운 주제 중 하나였다. 트럼프의 금융 규제 완화 움직임에 대해서는 반대 의견이 적지 않았다. 래리 서머스 전 미국 재무부 장관현 하버드대 교수은 "일부가 제안하는 것처럼 지난 8년간 시행해 온 금융 규제 변화를 완전히 되돌려야 할 시기라고 보는가? 그렇게 생각하지 않는다. 그렇게 하는 것은 커다란 실수라고 본다"며 트럼프 대통령의 도드–프랭크 법안 완화 주장에 비판적인 시각을 내비쳤다. 그러면서 글로벌 금융 시스템이 아직 규제를 확 풀어 줄 만큼 안정되지 못한 상태라고 주장했다. 은행들은 여전히 지난 2008년 글로벌 금융 위기와 같은 혼란 상황에 맞설 만한 역량을 갖추지 못한 상태라는 게 서머스 전 장관의 진단이다.

제스 스탠리Jes Staley 바클레이스 CEO도 "금융 규제에 익숙해져야 할 것"이라고 조언했다. 스탠리 CEO는 "볼커룰은 매우 명확한 것이다. 볼커룰은 월가 금융기관들이 자기자본거래 데스크를 없애고 자본시장 자금 중개기관으로서 그리고 브로커 딜러라는 본연의 역할을 하기를 바라는 조치"라고 설명했다.

그러면서 스탠리 CEO는 "바클레이스는 매우 신속하게 움직였고 투자은행 부분에서 자기매매를 하지 않고 있다. 변동성이 적고 꾸준하고 일관된 수익 흐름을 선호한다. 규제 당국이 우리에게 원하는 수준의 위험 대비 이익을 선호한다"고 강조, 금융 규제를 있는 그대로 받아들여 안정적인 영업을 하는 게 금융기관들이 추구해야 할 방향이라고 강조했다.

금융의 미래, 핀테크

금융과 최첨단 기술의 융합을 의미하는 핀테크Fintech가 금융 시장 판을 흔들고 있다. 다보스포럼에 참석한 금융업계 거물들은 글로벌 금융 위기 이후 8년간 지속된 역사적인 저금리 추세가 완화되는 '변곡점'에 도달했다고 내다봤다. 그러면서 핀테크가 촉발하는 금융 4차 산업혁명이 도래할 것으로 진단했다.

앤 리처드Anne Richards M&G인베스트먼트 CEO는 "금융 시장이 변곡점을 지났다"며 "중앙은행의 무차별적인 유동성 공급이 촉발한 저금리 시대가 끝나가고 있다"고 잘라 말했다. 리처드 CEO는 "2016년 초까지만 하더라도 재닛 옐런 미국 연준 의장이 재정 정책에 대해 한 번도 언급하지 않았지만 2016년 연말에는 재정 정책을 20회나 언급했다"며 "이는 통화 정책과 재정 정책이 함께 이뤄질 것임을 시사한다"고 말했다.

세계 최대 사모펀드 중 하나인 칼라일 공동 창업자인 데이비드 루벤스타인David M. Rubenstein 칼라일그룹 CEO도 "지난 6년간 미국 대통령은 민주당이지만 의회는 공화당이 장악하고 있어 통화 정책과 재정 정책이 공조를 이루기 어려웠다"며 "이제 행정부와 의회 모두 공화당이 지배하고 있기 때문에 통화 정책 외에 재정 정책과 감세가 이뤄질 가능성이 높다"고 설명했다.

마리오 그레코Mario Greco 취리히보험그룹 CEO는 "우리와 같은 보험 회사들은 불가능해 보였던 마이너스 금리 환경에서도 살아남았다"며 "이제 금리가 정상적인 수준으로 인상돼야 한다고 본다"고 말했다.

이처럼 역사적인 초저금리 시대가 종착역을 향해 가는 한편 금융시장 미래로 불리는 핀테크로 무장한 기업들이 등장, 기존 대형 은행들을 위협하고 있다. 대표적인 것이 페이팔, 알리페이처럼 이미 거대 기업으로 성장한 IT–금융 회사들이다. 댄 슐만 페이팔 CEO는 "금융 산업의 두 가지 거대한 트렌드가 있는데 첫째는 모든 종류의 화폐가 디지털화돼 간다는 것이고 두 번째는 모바일을 통한 거래가 폭발적으로 늘고 있다는 것"이라고 설명했다. 이 같은 모바일 금융 거래는 지점이 필요한 기존 은행에 비해 거래 비용을 80~90% 줄일 수 있다.

에릭 징Eric jing 앤트파이낸셜서비스그룹 CEO도 "중국 오지의 주민들도 모바일폰과 알리페이를 통해 금융 거래가 가능해졌다"며 "앞으로 금융 산업에서 테크놀로지의 중요성은 더욱 커질 것이고 기존에 금융을 제공하지 못했던 사람들에게까지 금융 서비스가 가능해질 것"으로 기대했다.

프란시스코 곤잘레스Francisco González BBVA은행그룹 회장은 "앞으로 전 세계 은행 숫자는 눈에 띄게 줄어들 것"이라며 "이는 많은 은행들에게 고통스러운 과정이지만 은행 간 통합은 불가피해질 것"으로 내다봤다. 곤잘레스 회장은 "결국 페이팔, 알리페이와 같은 새로운 금융 회사들과 우리와 같은 기존 은행들이 경쟁하는 새로운 리그가 형성될 것"이라고 내다봤다. BBVA은행은 대형 글로벌 은행 중 핀테크 도입에 가장 적극적인 은행 중 하나다.

반면 존 크라이언John Cryan 도이체방크 CEO는 "규제 때문에 금융

상품의 근본적인 속성이 변할지에 대해서는 확신할 수 없지만 고객들의 필요가 크게 변하지는 않을 것 같다"고 진단했다. 크라이언 CEO는 "결국 서비스를 어떻게 전달할 것인가가 문제인데 기술을 통해 은행 보안망이 강화되고 효율성을 증대시킬 수 있을 것"으로 내다봤다. 기술이 은행들에게 커다란 기회가 될 것이라는 얘기다.

포용적 성장

지속 가능성 보여주는 포용적 발전지수

포용적 성장이란 자본주의 성장 과실이 얼마나 많은 사람들에게 돌아가는지를 보여 준다. 다보스포럼이 포용적 성장에 관심을 갖게 된 이유는 여러 가지가 있다.

우선 지표상으로 성장을 하더라도 빈부 격차가 확대되면 성장의 지속성은 떨어진다. 소수가 전체의 부를 독점하는 사회에서는 유효 수요가 갈수록 부족해지면서 성장률이 하락할 가능성이 높다. 부자들에게 많은 세금을 거둬 이를 가난한 사람들에게 나눠 주는 방식의 재정 정책을 통한 소득 재분배가 한계를 노출한 것도 포용적 성장에 대한 관심을 키우고 있다.

재정을 통한 소득 재분배 정책에도 불구하고 갈수록 빈부 격차가

포용적 성장과 경제성장의 선순환 사이클

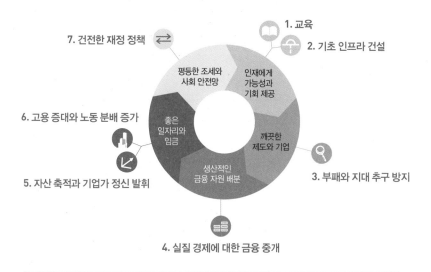

1. 교육
2. 기초 인프라 건설
3. 부패와 지대 추구 방지
4. 실질 경제에 대한 금융 중개
5. 자산 축적과 기업가 정신 발휘
6. 고용 증대와 노동 분배 증가
7. 건전한 재정 정책

평등한 조세와 사회 안전망
인재에게 가능성과 기회 제공
좋은 일자리와 임금
깨끗한 제도와 기업
생산적인 금융 자원 배분

자료: 2017 세계경제포럼 포용적 성장 보고서

커졌다. 때문에 분배보다는 성장 과정에서 많은 사람들이 성장의 혜택을 나눠 갖는 것이 중요하다는 인식이 확산됐다.

다보스포럼이 강조하는 4차 산업혁명 시대 도래도 포용적 성장의 중요성을 높이고 있다. 혁신적인 기술의 융합을 통한 신산업 창출을 예고하는 4차 산업혁명이 본격화되면 성장의 과실이 소수에게 보다 많이 집중될 수 있다. 이처럼 자본주의 약점인 양극화와 승자독식 등의 부작용을 완화하기 위해서는 포용적 성장이 꼭 필요하다는 진단이다.

다보스포럼은 이번 보고서에서 정부의 정책적 노력과 사회 시스템 개선을 통해 포용적 성장을 어느 정도 달성할 수 있을 것으로 기대했다.

2017년 포럼 현장에서 세계경제포럼 사무국은 각 국가별로 얼마나 포용적 성장을 하고 있는지 보여 주기 위해 포용적 발전지수IDI, Inclusive Development Index를 내놨다. IDI는 GDP, 노동 생산성 등 전통적인 성장 지표는 물론 중위 소득과 지니계수 등 소득 분배를 나타내는 각종 지표들, 그리고 국가 부채, 저축률 등 세대 간 분배와 지속 가능성을 나타내 주는 지표들을 활용해 만들었다. IDI는 한 국가가 얼마나 지속 가능한 성장을 할 수 있는지를 보여 준다.

세계경제포럼 사무국이 발표한 IDI에 따르면 한국은 선진국 중 14위4.95에 올랐다. 15위인 캐나다4.89, 18위 프랑스4.83, 21위 영국4.69, 23위 미국4.44, 24위 일본4.36보다 높은 수준이어서 주목받았다. 한국은 1인당 GDP로는 세계 24위를 기록했지만 IDI는 세계 14위를 기록해 절대적인 성장 지표보다는 포용적 지표가 상대적으로 높은 것으로 평가됐다.

IDI 우수국가 순위

순위	국가	점수
1	노르웨이	6.02
2	룩셈부르크	5.86
3	스위스	5.75
4	아이슬란드	5.48
5	덴마크	5.31
...	...	...
14	한국	4.95

세계경제포럼은 "한국은 최근 정치적 소요 사태에도 불구하고 교육열과 저축률이 높고 세대 간 갈등이 크지 않은 편"이라고 평가했다. 특히 한국 교육 시스템이 지속 가능한 성장을 뒷받침해 주는 중요한 요인이라고 진단했다. 다만 여성의 사회 참여율이 주요 선진국 중 최저 수준이라는 점, 고용률이 높지만 빈곤률이 높다는 점 등은 문제라고 지적했다.

IDI가 가장 높은 나라는 노르웨이6.02로 조사됐다. 노르웨이는 2008~2013년 평균 경제성장률이 0.5%에 그쳤지만 양적인 성장보다 질적인 성장을 이룬 것으로 평가받았다. 2위는 룩셈부르크5.86, 3위는 스위스5.75, 4위는 아이슬란드5.48, 5위는 덴마크5.31로 나타났다. 6~10위는 스웨덴5.3, 네덜란드5.28, 호주5.18, 뉴질랜드5.09, 오스트리아5.05 순이었다.

개발도상국 중에서는 리투아니아와 아제르바이잔4.73이 가장 높았고 다음으로 헝가리, 폴란드이상 4.57, 루마니아, 우루과이4.53, 라트비아, 파나마4.52, 코스타리카4.47, 칠레 등의 순이었다. 아제르바이잔은 1인당 GDP가 개발도상국 중 24위를 기록했지만 IDI는 2위에 랭크돼 포용적 성장을 상대적으로 잘하는 국가로 지목됐다.

포용적 성장과 관련된 정책과 제도에 대한 평가도 진행했다. 교육 제도에 대한 평가에서는 호주가 가장 높은 점수를 받았고 아이슬란드, 벨기에, 오스트리아, 캐나다, 체코, 덴마크, 에스토니아, 핀란드 등도 높은 점수를 받았다. 한국은 일본보다 다소 낮았지만 비교적 상위권이었다. 한국은 인프라스트럭처 부분에서도 상위권을 기록했다. 반면 부패와 고용 부문에서는 상대적으로 낮은 점수를 받았다.

앞으로 전 세계적으로 포용적 성장에 대한 논의가 활발해질 것으로 보인다. 자본주의는 정부 정책과 제도 변화를 통해 점진적으로 개선해 나갈 필요가 있는 제도라고 다보스포럼은 강조했다. 그동안 경쟁과 효율성을 강조해 왔던 자본주의가 포용적 성장을 강화하는 쪽으로 각종 제도와 시스템을 바꿔 나갈 것을 예고하는 부분이다.

기본소득…꿈일까 망상일까

"기본소득을 국민들에게 지급하면 근로 의욕이 떨어진다는 말이 있다. 하지만 캐나다, 아프리카, 인도 등에서 시험해 본 결과 기본소득을 받은 국민들이 더 많이 일하는 것으로 나타났다."

2017년 다보스포럼 '기본 소득, 꿈인가 망상인가' 세션에 참석한 가이 스탠딩Guy Standing 런던대 교수기본소득 지구네트워크 공동대표 주장이다.

전 세계적으로 기본소득 열풍이 일고 있다. 핀란드가 실업자 2,000명에 대해 월 560유로약 70만 원를 2년 동안 지급하기로 했고, 이탈리아의 한 지방 도시는 최빈곤 가구에 월 500유로약 63만 원 정도의 기본소득을 지급하고 나섰다.

미국 알래스카 주는 이미 지난 1982년부터 석유 수출로 번 돈으로 기금을 운용, 모든 주민에게 매년 2,000달러약 237만 원에 달하는 배당금을 지급하고 있다. 이탈리아 리보르노 시는 2016년 6월부터 최빈곤층 100가구에 매달 500유로약 63만 원를 기본소득으로 주고 있다.

하지만 스위스에서는 2016년 6월 성인에게 매월 2,500스위스프랑약 300만 원의 기본소득을 지급하자는 국민투표가 부결된 바 있다. 스위스처럼 전 세계 대다수 국가들은 기본소득제 도입에 대해 다소 비판적이다. 일부 유럽 선진국을 제외하고는 막대한 복지 비용을 감당할 여력이 없기 때문이다. OECD가 회원국별 기본소득 소요액을 산출한 결과 1인당 GDP의 40% 이상을 기본소득으로 지급할 수 있는 나라는 38개국 중 유럽 7개국에 불과했다.

국내에서도 대선을 앞두고 기본소득 논란이 확산되고 있다. 특히 4차 산업혁명 시대 도래와 함께 인공지능으로 무장한 로봇이 사람들의 일자리를 빼앗을 것이라는 현실적인 고민이 깊어지자 최소한의 인간다운 삶을 살아갈 수 있도록 기본소득을 지급해야 한다는 목소리가 일각에서 힘을 얻고 있다. 그렇다면 기본소득이 정확히 어떤 의미를 담고 있는 것인지, 문제점은 없는지, 그리고 무엇보다도 우리 현실에 적용 가능한지 등을 따져 볼 필요가 있다.

기본소득Basic Income은 말 그대로 재산의 많고 적음이나 근로 여부와 상관없이 국민 누구에게나 아무런 조건 없이 국가가 주는 소득을 말한다. 극빈층에게만 지급하는 사회보장 수당이나 근로장려세제처럼 노동을 전제로 하는 소득보장제도와는 출발점이 다르다. 기본소득을 지급한다면 기초생활보장제도 지원을 받지 못하는 소득 차상위계층처럼 기존 복지제도 사각지대에 있는 계층에 커다란 도움이 될 수 있다. 하지만 문제는 천문학적인 돈이 필요하다는 점이다.

　기본소득 찬성론자들은 기본소득 제도가 복지 사각지대를 해소하고, 부처별로 행하는 개별적인 복지를 기본소득으로 통폐합하면 비용 부담이 크지 않다는 주장을 하고 있다. 또 인간의 일자리가 줄어드는 4차 산업혁명 시대를 앞두고 도입을 미뤄서는 안 된다는 입장이다.

　기본소득 반대론자들은 '어떻게 재원을 마련할 것인가'라는 문제는 생각도 하지 않고 돈만 나눠 주자는 것은 무책임하다는 지적을 내놓고 있다. 또 기본소득 제도가 근로 의욕을 저하시켜 실업률만 끌어올리는 등 일하는 사람에게 불리한 제도라고 비판한다.

　사실 최근 기본소득 제도를 논의하고 있는 북유럽 선진국 대부분은 복지를 늘리는 차원이 아니라 과도한 사회보장과 복지병에 따른 폐해를 줄이기 위해 기본소득 제도 도입을 검토하고 있다. 국민들에게 기본소득으로 일정한 금액을 매월 주는 대신 눈덩이처럼 커진 복지를 줄이겠다는 것이다. 기본소득 제도라는 것이 돈을 마구 퍼 주기 위한 차원이 아니라는 얘기다.

　한국직업능력개발원 보고서에 따르면 우리나라의 경우, 전 국민에게 월 30만 원의 기본소득을 지급하면 연 180조 원의 예산이 필요한 것으로 조사됐다. 2017년 정부 본예산약 400조 원의 45% 규모다.

　다보스포럼 '기본소득' 세션에서는 기본소득 폐해를 지적하며 도입을 강력 반대하는 주장도 제기되면서 팽팽한 토론이 이뤄졌다.

　아미타브 칸트Amitabh Kant NITI인도개조국가기구 CEO는 "돈을 대가 없이 주는 것은 더 큰 문제를 야기한다"며 "보편적인 기본소득을 무

기본소득을 둘러싼 쟁점

반대

- 아무도 일을 하지 않을 것이다
- 돈이 많이 든다
- 중산층이 오히려 손해를 볼 수 있다

찬성

- 더 열심히 일할 유인이 된다
- 행정 비용이 감소한다
- 중산층에게도 이익이다

사회복지에 대한 스펙트럼

보편주의적 ——————————————————— 선별주의적

기본소득　　　사회수당　　　사회보험　　　공공부조

주요국 GDP 대비 사회복지 지출 비중

단위: %

프랑스	28.00	
	32.00	
핀란드	22.90	
	31.00	
일본	18.50	
	23.06	
영국	19.50	
	21.49	
OECD 평균	18.30	
	21.00	
미국	15.80	
	19.32	
한국	7.10	
	10.36	
멕시코	6.40	
	7.55	

■ 2007년　■ 2016년

2014년 기준 한국 사회복지 지출 비중 및 재원 현황

단위: %

국민 부담률

24.6 한국　　　34.4 OECD 평균

* 국민 부담 조세 및 4대보험 등의 사회보장금 총액이 GDP에서 차지하는 비율

공공 사회복지 지출

10.36 한국　　　21.0 OECD 평균

자료: OECD

세계 각국 기본소득 제공 현황

핀란드	실업자 2,000명에게 매월 560유로(약 70만 원)
미국	알래스카 전 주민에게 매년 약 2,000달러(약 237만 원)
이탈리아	리보르노 시 최빈곤층 100가구에 매달 500유로(약 63만 원)
스위스	매월 성인에게 2,500스위스프랑 (약 300만 원)→국민투표 부결
네덜란드	위트레흐트 등 20개 지방정부에서 월 980달러(약 112만 원) 지급 준비 중
인도	2012~2014년 6,000명에게 기본소득 지급 실험 진행

자료: OECD

이자 대출 형식으로 지급하는 게 낫다"고 말했다. 《정의란 무엇인가》의 저자 마이클 샌델Michael Sandel 하버드대 교수는 "전 국민을 대상으로 한 기본소득 도입은 선거권, 의무교육 등과 같이 모두에게 적용되는 것이기 때문에 도입 시 필요한 전제 조건을 충족하는지 여부를 고려할 필요가 있다"고 말했다.

4차 산업혁명 시대에는 과거와 같은 개념으로 기본소득을 바라봐서는 안 된다는 진단도 나왔다. 가이 스탠딩 런던대 교수는 "수년 전부터 산업 현장에서 자동화 설비 도입이 크게 늘어나며 기본소득에 대한 관심이 고조됐다"며 "기본소득은 국민들에게 최소한의 안정된 삶을 제공한다는 차원에서 필요하다"고 말했다.

기본소득 도입 시 재원을 어떻게 조달하느냐도 큰 문제다. 스탠딩 교수는 "미국 정부는 QE양적완화에 475조 달러를 쏟아부었다"며 "이 돈이 기본소득으로 들어갔다면 모든 미국 가구는 1가구당 5만

6,000달러약 6,300만 원를 받을 수 있었을 것"이라고 말했다. 스탠딩 교수는 "소수에게 편중된 부동산 임대료 수입을 나눠 재분배할 수도 있다"고 말했다. 스탠딩 교수는 "인도의 경우 화석연료 보조금을 없애 그 자금을 기본소득에만 투입해도 모든 인도인들에게 500루피약 8,700원를 제공할 수 있다"며 "기본소득 재원을 조달할 방법은 무궁무진하다"고 주장했다. 닐리 크로스Neelie Kroes 오픈데이터연구소Open Data Institute 이사는 "정치권에서 기본소득 논의가 순수하고 투명하게 이뤄지지 않는 것이 문제"라고 지적했다. 스탠딩 교수는 "4차 산업혁명발 로봇 시대 도래를 막을 수 없기 때문에 기본소득에 대한 논의를 좀 더 투명하게 해 나가야 한다"고 강조했다.

중산층과 포퓰리즘

'중산층 위기 해법은' 세션에서 참석자들은 '포퓰리즘Populism', '민족주의Nationalism'에 대한 우려를 그대로 드러냈다. 세계화Globalization 성과 배분 과정에서 중산층과 서민들이 소외되면서 나타난 것이 포퓰리즘이고 민족주의가 대표적인 포퓰리즘이라는 것이다.

그렇다면 중산층은 실제로 위기에 처했을까? 패널들은 경제적인 것보다 상대적인 박탈감이 크다고 분석했다. 래리 서머스 전 미국 재무부 장관은 "소수의 소득 상위 계층만이 누리는 혜택이 증가하는 것을 중산층이 목도했고 정부가 이를 방관했다는 생각이 중산층을 분노하게 만들었다"며 "정부가 이민자와 소수의 기득권층만을 위해 일했다는 생각이 브렉시트와 이탈리아 국민투표, 미국 대선 결과로 이어졌다"고 말했다. 서머스 전 장관은 이 같은 중산층 분노에 정부가 수수방관한 것이 큰 실수였다고 진단했다.

세계 최대 헤지펀드인 브릿지워터어소시에이츠의 레이 달리오 Ray Dalio 창업자 겸 CEO는 "중산층 분노가 포퓰리즘을 부추겼고, 포퓰리즘으로 인해 국수주의가 강화되고, 좌파는 더 좌파 성향을 강화하고, 우파는 더욱 극우로 가는 사회경제적 양극화 현상이 심화되고 있다"고 분석했다. 반세계화와 보호주의도 결국은 포퓰리즘의 한 부분이라는 게 달리오 창업자의 설명이다.

크리스틴 라가르드 IMF 총재는 "과도한 소득 분배 불평등은 장기 경제성장에 악영향을 끼친다"며 "정말 위기가 닥칠 때 유권자들이 정부 정책에 '아니요'라고 말하기 전에 불평등을 해소하는 정책을 고민하고 적절한 정책 대안을 찾아야 한다"고 조언했다. 과도한 소득 분배 불평등 문제를 먼저 해소해야 한다는 주문이다.

서머스 전 장관은 라가르드 총재 의견에 절반만 동의했다. 서머스 전 장관은 "재분배와 포퓰리즘을 구분하는 것이 중요하다"며 "브렉시트와 트럼프에 찬성했던 많은 사람들은 가난한 사람에게 왜 더 주지 않았느냐가 아니라 왜 더 주었느냐고 생각했다"고 지적했다. 그러면서 서머스 전 장관은 소위 '책임감 있는 민족주의 Responsible Nationalism'가 중요하다고 강조했다.

패널들은 포퓰리즘이 결국 국가와 중산층, 소외 계층 모두에게 파괴적인 결과를 가져올 것으로 진단했다. 서머스 전 장관은 "포퓰리즘 정책의 피해자는 결국 저소득층과 중산층"이라며 "포퓰리즘 정책은 이들을 위한 것이라는 탈을 쓰고 있다”고 꼬집었다. 서머스 전 장관은 “포퓰리즘으로 결국 인구의 1%나 10%만이 혜택을 볼 것이고 이는 전 세계에서 공통적으로 나타나는 현상”이라고 비판했다. 라가르드 총재는 “만약 정치인들이 이민자와 불평등 문제를 해결하기 위해 세계화에 등을 돌린다면 이는 잘못된 접근 방식”이라며 “세계화가 일자리를 파괴하기 때문에 나쁘다는 생각은 틀렸다”고 강조했다.

그렇다면 중산층 위기와 포퓰리즘 문제를 해결하려면 어떻게 해야 할까. 라가르드 총재는 부패 철폐 등을 통한 신뢰 회복이 중요하다고 말했다. 피에르 카를로 파도안Pier Carlo Padoan 이탈리아 재무부 장관은 “유럽 문제가 브뤼셀유럽연합이나 프랑크푸르트유럽중앙은행에서 왔다고 생각하는 유럽인들이 적지 않다”면서도 “문제를 일거에 해결할 방법은 없다는 것을 인정하고 정치인이 민간 영역에 비전을 보여 줘야 한다”고 답했다.

서머스 전 장관은 미국이 나아가야 할 길과 관련, 공공 부문을 시작으로 인프라에 투자할 것, 일반 사람들의 관점에서 글로벌 통합 전략을 세울 것, 그리고 미국인들이 꿈을 이룰 수 있도록 교육할 것을 강조했다.

《정의란 무엇인가》 저자 마이클 샌델 교수의 불평등론

마이클 샌델 하버드대 교수   ⓒ 하버드대학교

　다보스포럼 현장에서 반세계화와 고립주의, 자국우선주의 단초
가 된 사회 불평등 문제를 살펴보는 세션도 많이 진행됐다. 글로벌
베스트셀러《정의란 무엇인가》로 세계적인 선풍을 일으킨 마이클
샌델 하버드대 정치학과 교수는 "기회의 균등과 능력 중심 사회를
강조하는 것만으로는 현대 사회에서 불평등 문제를 해결할 수 없
다"고 강조했다. 한때 '자본주의 사회에서의 평등은 기회의 평등이
지 결과의 평등은 아니다'라는 말이 금과옥조처럼 회자됐다. 하지

만 지금은 기회의 평등만으로는 갈수록 심해지는 불평등 문제를 해소할 수 없다는 것이 점점 대세가 되고 있다. 이런 분위기는 다보스포럼 '마이클 샌델의 인사이트' 세션에서도 그대로 드러났다. 다보스포럼 현장에서 길리언 테트Gillian R. Tett 〈파이낸셜타임스〉 부편집장과 샌델 교수 간 세션이 진행됐다.

» 길리언 테트 미국 트럼프 현상에 대해 어떻게 생각하나?

» 마이클 샌델 나는 여론조사와 시장 전망을 믿지 않는다. 사회의 엘리트들은 대중이 분노한 원인을 잘못 분석했다. 미국과 영국을 비롯해 전 세계 많은 곳에서 이와 유사한 현상이 벌어졌다. 엘리트들은 분노의 원인을 불법 이민과 자유무역 확대에 따른 자기 나라 국민들의 일자리 상실에서 기인한 것으로 봤다. 부분적으로는 맞다. 하지만 더 큰 것이 있다. 공동체 의식 붕괴, 민주주의 권력으로부터의 소외, 사회적 자긍심 손상 등이 트럼프 현상을 촉발시킨 것이다. 평범한 사람들은 그들이 더 이상 공동체에서 존경을 받는 대상이 아니라는 점에 분노했다.

» 길리언 테트 오바마 정부 말기에 소득은 올랐다. 그럼에도 불구하고 트럼프가 당선됐다. 경제성장은 대선에서 이슈가 되지 못했나?

» 마이클 샌델 대선 이슈는 단순히 경제에 대한 것이 아니었다. 불평등이 더 큰 이슈였다. 불평등에는 두 가지 측면이 있다. 하나는 기

회가 공평하지 않다는 것이다. 두 번째는 부자와 가난한 사람 간 격차가 너무 크게 벌어졌다는 것이다. 두 집단이 공동체 의식을 가질 수 없을 정도로 양극화가 심해진 것이다.

» **길리언 테트** 《돈으로 살 수 없는 것》이라는 책에서 불평등이 확대되면 사람들의 삶에서 격차가 확대되고 분리될 수밖에 없어 민주주의에 바람직하지 않을 것이라고 했다.

» **마이클 샌델** 나는 어렸을 때 야구 경기 보는 것을 좋아했다. 그때도 싸고 비싼 좌석은 있었지만 부자와 가난한 사람들은 서로 근처에 있는 자리에서 야구를 같이 봤다. 그 차이는 크지 않았다. 그럴 때 우리는 공동체 의식을 느낀다. 그러다가 어느 순간 야구장 꼭대기에 스카이박스라는 공간이 만들어졌다. 그 자리는 가장 높은 곳에서 대중들과 동떨어져 야구를 보는 자리다. 스카이박스를 경험한 사람들은 일반 사람들과는 서로 다른 삶을 살고 있다고 느낀다. 공립학교는 갈수록 평범한 학생들에게 공동체 의식을 가르치는 역할을 상실하고 있다. 빈부 격차가 확대된 결과다.

» **길리언 테트** 다보스포럼이 어떤 역할을 할 수 있다고 보는가?

» **마이클 샌델** 우리가 다보스에서 배울 수 있는 것은 대중들의 분노가 들끓고 있다는 점이다. 때문에 앞으로 민주주의가 심각한 위기에 처할 수 있다는 것도 선험적으로 알 수 있다. 대중들의 저항이

커지는 것도 문제지만 엘리트 계층이 이 문제를 정확히 인지하지 못하고 있다는 점이 더 큰 문제다.

» **길리언 테트** 노동당이나 좌파 정당은 어떤가? 그들도 이 문제를 인식하지 못하고 있나?

» **마이클 샌델** 인식은 하고 있다. 하지만 이 문제를 해결할 아이디어는 없다. 유럽과 미국에서 우파 정당의 성공은 좌파 정당의 실패를 의미한다. 미국 민주당이나 영국 노동당, 유럽의 사회민주당 등이 노동 계층과 중산층과의 소통의 끈을 놓쳐 버린 경우가 많다. 이 점 때문에 그들은 선거에서 패배했다. 놀라운 현상이다.

» **길리언 테트** 미국과 영국의 우파 정당은 동일한 슬로건을 내세운다. 다시 부강해지자는 것이다. 반면 중도좌파 정당들의 슬로건은 다양하게 분산돼 있다. 이들을 위해 일한다면 어떤 슬로건을 내걸고 싶은가?

» **마이클 샌델** 어떤 구호를 내세울지는 모르겠지만 나는 우파 정당의 '다시 위대해지자'는 슬로건이 세태를 어느 정도 반영하고 있다고 말하고 싶다. 이 구호들은 단점도 있지만 대중들에게 희망을 주고 새로운 영감을 주는 데 성공했다. 이는 중도좌파 정당들이 하지 못한 것이다. 아울러 이런 구호들은 민족이나 국가 공동체에 대한 인식을 심어 줬다. 애국심도 일깨워 줬다. 중도좌파 정당들은 이런 구

호들을 만들어 내지 못했고 대중과의 일체감을 키우거나 애국심을 고취시키지 못했다.

» **길리언 테트** 민족주의나 애국심을 자극하는 게 좌파 정당에게 올바른 것인가?

» **마이클 샌델** 나는 그런 것을 독려하지는 않겠지만 상황에 따라 다르다. 중도좌파의 문제점은 포퓰리즘과 무가치적인 정치 구호로 일관한다는 점이다. 중도좌파 정당에게 주문하고 싶은 것은 그동안 익숙했던 것으로부터 탈피해 대중에게 직접적으로 다가서라는 것이다. 민족의 목표와 공동체의 목표에 대해서도 말해야 한다. 더불어 중도좌파 정당은 노동의 미래에 대한 아이디어도 만들어야 한다. 열심히 일하는 사람들이 그들의 재능에 비례해 많은 것을 얻을 수 있다는 생각을 심어 줘야 한다.

» **길리언 테트** 당신은 논문에서 중도좌파에게 필요한 네 가지 이슈에 대해 논한 바 있다.

» **마이클 샌델** 그것은 민족 공동체에 대한 인식과 목표, 노동의 미래에 대한 심도 깊은 토론, 금융과 실물경제 간 관계와 능력주의 사회에 대한 과도한 집착은 오류라는 것, 소득 불평등에 대한 시정 등이다. 능력주의에 대한 과도한 집착은 자신이 쌓은 부와 재산을 오로지 자신의 능력 덕분이라고 생각하게 만든다. 사회 최고위층에 있

는 사람들이 다른 사람들을 무시하는 경향도 생겨난다. 최근 많은 사람들이 분노하는 현상이 나타난 것은 이 같은 사회 세태 분위기 때문이다. 이런 분위기 속에서는 사회 시스템이 불공정하다는 인식이 확산될 수밖에 없다.

소득 불평등은 능력주의 사회의 아킬레스건이다. 소득 불평등은 불공정의 문제일 뿐만 아니라 시민사회에 부정적인 영향을 미치게 된다. 불평등은 또 사회계층 이동성과도 관련이 있다. 특히 미국에서 불평등은 아메리칸 드림의 한 부분이다. 미국은 올라갈 수 있다는 희망이 있는 사회다. 그런 점에서 유럽과 차이가 난다. 하지만 아메리칸 드림은 더 이상 사실이 아니다. 계층 상승 가능성은 세대가 지날수록 약화되고 있다. 덴마크, 독일, 캐나다의 계층 상승 가능성이 미국보다 높다. 계층 상승 가능성은 평등 사회 구축의 중요한 부분이다.

능력 중심 사회라는 수사는 불평등 사회의 다른 표현으로 간주될 수 있다. 능력 중심 사회를 강조하는 것은 해법이 되지 못한다. 때문에 중도우파 정당은 논점을 기회의 평등과 계층 이동에 맞출 것이 아니라 공동체와 공동체 결속을 어떻게 강화할 수 있을 것인가에 맞춰야 한다.

INSEAD 인적자원 경쟁력 보고서

한국 인적자원 경쟁력이 세계 29위 수준인 것으로 조사됐다.

2016년보다는 많이 개선됐지만 여전히 경제 규모에 비해 인적자원 경쟁력이 상대적으로 떨어진다는 진단이다. 특히 여성이 사업에 참여할 수 있는 환경과 기회는 세계 최하위권인 것으로 드러나 개선이 시급한 것으로 나타났다. 한국 경제 아킬레스건인 노동 시장 유연성과 노사 협력도 바닥권인 것으로 나타났다.

유럽 경영대학원인 인시아드INSEAD와 스위스계 세계 최대 인력 공급 회사 아데코ADECCO는 2017년 다보스포럼 행사 기간 중 기자회견을 열고 2017년 인적자원 경쟁력지수GTCI, The Global Talent Competitiveness Index를 발표했다.

인적자원 경쟁력지수는 한 나라 인재의 성장, 유치, 보유 등 인적자원 경쟁력을 포괄적으로 보여주는 지수로 R&D, 고등교육 정도, 인재 시장 전망, 노동시장 유연성, 여성의 사업 기회 부문 등의 지표를 종합해 평가한다.

한국은 2016년에 37위에 그쳤지만 2017년에는 8계단 상승한 29위로 올라섰다. 세부 지표별로 R&D 투자, 고등교육, 독해·수학·과학 등 지표에서 세계 2위에 오를 만큼 좋은 성적을 냈다. 인재 시장 전망 지표도 세계 최고 수준으로 평가받았다.

하지만 여성이 사업을 할 수 있는 환경을 보여 주는 여성의 사

2017년 인적자원 경쟁력지수 순위

순위	국가
1	스위스
2	싱가포르
3	영국
4	미국
22	일본
29	한국
54	중국

업 기회 부문에서는 조사 대상국 118개국 중 최하위권인 109위에 그쳤다. 노사 협력 분야에서도 113위를 기록해 후진적인 노사 관계가 인적자원 경쟁력을 갉아먹고 있는 것으로 나타났다. 노동시장 유연성도 73위에 불과해 취약성을 드러냈다. 남녀 간 소득 격차도 세계 86위로 나타나 심각한 수준인 것으로 드러났다. 이민자 수용성도 세계 72위에 머물렀다.

118개국을 대상으로 이뤄진 조사 결과, 인적자원 경쟁력이 가장 높은 국가는 스위스로 나타났다. 그 뒤로 싱가포르, 영국, 미국, 스웨덴, 호주, 룩셈부르크, 덴마크, 핀란드, 노르웨이 순이었다. 이들 국가는 경제 수요를 반영한 교육 시스템, 유연한 고용 정책, 계층 상승 기회모빌리티와 기업가 정신, 정부·기업 간 유기적 협력 관계 등에서 높은 점수를 받았다. 일본은 2016년 19위에서 2017년 22위로 소폭 하락했고, 중국은 48위에서 54위로 떨어졌다.

또 인시아드와 아데코는 4차 산업혁명 시대 핵심 키워드인 기술과 초연결성Hyper-connectivity이 노동시장 개념 자체를 변화시키고 있다고 강조했다. 4차 산업혁명 시대를 맞아 기업 경쟁력을 유지하기 위해 고용 시장 유연성이 더 절실해지고 프리랜서 형태 계약이 늘면서 전통적인 고용 형태는 점점 더 설 자리를 잃을 것으로 봤다.

인시아드와 아데코는 도시 경쟁력지수GCTCI, Global Cities Talent Competitiveness Index도 함께 발표했다. 전 세계 46개 도시를 대상으로 한 도시 경쟁력 조사에서 코펜하겐이 1위를 차지했다. 다음으로는 취리히, 헬싱키, 샌프란시스코, 예테보리, 마드리드, 파리, 로스앤젤레스 등의 순이었다. 한국 도시는 이번 조사 대상에 포함되지 않았다.

세계화와 대기업

애플은 2016년 4분기에 전 세계 스마트폰 업계 전체 영업이익의 92%를 차지했다. 삼성전자의 이익 비중은 9%에 그쳤다. 마이크로소프트와 LG를 포함한 대부분의 스마트폰 회사들은 적자를 기록했다. 이처럼 한두 곳의 대기업들이 시장 이익 전체를 장악하는 것은 스마트폰 분야에서만의 일은 아니다. 세계경제포럼에 따르면 전 세계 상장사 중 10% 미만의 기업이 전체 기업 수익의 80%를 차지한다. 이는 대기업들이 협력업체들을 쥐어짜서가 아니라 세계화와 초경쟁에 따른 결과라는 진단이다.

'빅 비즈니스의 미래' 세션에서는 세계화와 대기업들의 운명에 대한 토론이 이뤄졌다. 세션은 모더레이터를 맡은 앤드류 소킨 Andrew Sorkin CNBC 앵커의 도발적인 질문으로 시작했다. "대기업은 사회적으로 사악한가Evil?"라는 질문이었다. 대기업에 대한 반감은 한국뿐 아니라 전 세계적인 현상이기 때문이다.

세계적인 투자은행 크레디트스위스를 이끌고 있는 티잔 티엄 Tidjane Thiam CEO는 "우리는 세계화의 이득을 봤지만 일부 사람들은 세계화에 대한 반감을 키웠고 이것이 정치적 문제가 되고 있다"고 진단했다. 그러면서 티엄 CEO는 "기업은 사람들의 행동에 영향을 크게 미치기 때문에 올바르게 행동해야 한다"며 "우리 회사는 직원만 7만 명으로 여기 패널리스트로 나온 CEO들마다 적어도 수만 명의 직원을 고용하고 있다는 점에서 작은 국가와 같다"고 강조했다. 티엄 CEO는 "대기업들은 반기업 정서를 단순히 무시할 수 없다는 점에서 더 책임 있는 모습을 보여야 한다"고 진단했다. 이처럼 대기업의 사회적 책임을 강조하면서도 패널들은 대기업을 무조건 시장 포식자로 백안시하는 것은 정당하지 않다는 데 의견을 모았다.

기업 규모가 커지면 비효율성이 덩달아 커지면서 새로운 스타트업이나 다른 경쟁자로부터의 도전도 많아질 것으로 진단했다. 미국 최대 화학 기업 중 하나인 다우케미칼을 이끌고 있는 앤드류 리버리스Andrew N. Liveris CEO는 "다우 케미칼과 듀폰의 합병은 '규모의 비경제Diseconomy of Scale'를 피하는 것이 목적"이라고 설명했다. 리버리스 CEO는 "화학 기업을 예로 들면 화학 기업 덩치가 커지면 일반적으로 주력 판매 제품이 코모더티평준화된 상품가 되는 현상이 발생한다. 제품이 평범해지는 문제는 혁신을 통해 해결해야 하는데 점점 그 혁신이 어려워진다. 그러다 보면 카니벌라이제이션Cannibalization, 원래는 동족식인이라는 단어지만 경제 용어로는 제살 깎아먹기, 자기시장 잠식의 의미로 통용되며 기업에서 신제품을 내놓으면 해당 기업이 기존에 판매하던 상품 판매량과 수익이 줄어드는 것을 말한다 시점이 온다"고 설명했다. 다우-듀폰이 합병 후 제품군에 따라 3개 회사로 분사Spin-off하는 것은 이를 막기 위해서라는 설명이다. 덩치를 줄여 도전적인 문제에 좀더 신속하고 효율적으로 움직이게 만들겠다는 것이다.

대기업 쏠림 현상과 관련, 인터넷 검색 시장부터 디지털 광고, 스마트폰 OS안드로이드, 동영상유튜브, 인공지능딥마인드까지 인터넷 세계를 지배하고 있는 구글의 지주회사 알파벳의 루스 포르타Ruth Porta CFO최고재무책임자는 "기술이 발전하면 작은 기업들도 더 많은 기회를 얻을 것이고 대기업 쏠림 현상이 약화될 것"으로 내다봤다. 인도 통신 재벌 바티엔터프라이즈의 수닐 바티 미탈Sunil Bharti Mittal 회장은 "산업구조가 대기업에 일방적으로 쏠리는 것을 정치인들이 가만두지 않을 것"으로 진단했다.

트럼프 정부 출범 이후 확장되고 있는 국수주의적인 분위기도 글로벌 대기업들에게 어려움을 안겨 줄 수 있다. 대다수 글로벌 기업들이 자국보다 해외에서 더 많은 매출과 이익을 내고 더 많은 인력을 고용하고 있는 경우가 대부분이기 때문이다. CEO가 외국인인 경우도 많다. 이런 상황에서 자국우선주의를 내세운 국수주의가 확산되면 그만큼 글로벌 기업들이 해외에서 사업을 영위하는 데 어려움이 가중될 수밖에 없다.

리버리스 CEO는 다우의 국적이 어디냐는 질문에 "나는 호주 사람이지만 다우는 미국에 본사를 둔 글로벌 기업"이라고 답했다. 미탈 회장은 "우리는 인도에 기반을 두고 17개 국가에서 통신 사업을 하는 회사"라며 "인도 시장을 발판으로 해외로 시장을 확대하고 있는데 아프리카에서도 저가 통신 서비스를 제공하고 있다"고 설명했다.

세계 최대 미디어 그룹 중 하나로 오길비앤매더, Y&R, 버슨-마스텔러 등 초대형 광고·홍보·리서치 회사를 거느리고 있는 미디어 그룹 WPP의 마틴 소렐Martin Sorrell 회장은 "WPP그룹은 영국 기업이긴 하지만 130개 국가에 진출해 있는 세계화된 기업이다"며 "WPP 성장은 개발도상국에서 나온다"고 설명했다.

티암 CEO는 "스위스는 아주 개방적인 국가로 수출을 많이 하는 나라"라며 "나는 스위스 은행을 이끌지만 스위스 기업이라고 생각하지는 않는다"고 말했다. 크레디트스위스에는 5개 사업 부문이 있는데 한 사업 부문은 파키스탄계 스위스인이 이끌고 있고 다른 한 곳은 미국인, 또 다른 하나는 중국계 미국인이 이끈다. 티암 CEO는 아프리카 출신이다. 글로벌 기업들을 한 국가 소속이라고 부르기에는 기업 문화가 다양화돼 있다는 설명이다.

"인구 비중만큼 아세안 경제가 급속하게 성장할 것"

제임스 리아디
리포그룹 회장

아세안 잠재력에 베팅하라

"아세안ASEAN, 동남아시아국가연합 인구는 전 세계에서 8%를 차지하지만 경제 비중은 3.3%에 불과하다. 시간의 문제이지 결국 인구 비중만큼 아세안 경제가 급속하게 성장할 것이다."

인도네시아 재계를 대표하는 리포LIPPO그룹을 이끌고 있는 제임스 리아디James Riady 회장의 말이다. 리포그룹은 백화점, 호텔, 부동산, 은행, 보험, 자산 운용, 통신, 전자 상거래, 병원, 미디어 등을 영위하는 인도네시아 5대 그룹 중 하나다. 인도네시아인들이 태어나서 죽을 때까지 리포그룹 영향을 받는다고 해도 과언이 아니다. 리포그룹 산하 실로암병원에서 태어나 리포그룹이 만든 빌리지에 살고 리포그룹 계열 백화점에서 쇼핑을 하거나 리조트에서 여가를 즐긴다. 리포그룹이 운영하는 매체〈자카르타글로브〉를 통해 뉴스를 접하고 은행 업무를 보며 묘지까지 리포그룹이 조성한 토지를 쓰기 때문이다. 리포그룹은 자카르타 인근에 '가라와치'라는 대규모 신도시를 조성해 일종의 '도시국가'까지 건설했다는 평가를 받고 있다.

화교 출신인 리아디 일가 자산은 20억 달러약 2조 3,000억 원를 넘어 인도네시아 10대 부자로 꼽힌다. 창업주인 목타르 리아디Mochtar Riady 아들로 리포그룹을 이끌고 있는 리아디 회장은 인터뷰 내내 '성장 시장'에 주목하라고 강조했다.

리아디 회장은 "한국을 비롯한 전 세계가 성장을 갈구하고 있다"며 "이런 측면에서 아세안 시장에서도 특히 인도네시아를 주목해야 한다"고 강조했다. 리아디 회장은 "인구가 2억 5,000만명으로 세계에서 네 번째로 많은 인도네시아는 각종 사업 개발과 중산층 확대로 사업 기회가 많다"고 설명했다. 리포그룹은 인도네시아 주거환경개선사업에 관심을 갖고 자카르타 인근에 신도시를 주도적으로 건설하는 등 인프라스트럭처 개발에도 나서고 있다.

리포그룹 성장성에 주목하는 글로벌 투자회사들도 대거 지분 투자에 나섰다. 크레디트스위스는 여러 계정을 나눠 그룹 대표회사인 '리포가라와치' 지분 23.87%를 갖고 있다. 씨티은행 역시 여러 투자 계정으로 이 회사 지분 9.47%를 보유하고 있다.

리포그룹이 조성한 가라와치 주거단지. 우리나라로 치면 판교신도시에 해당한다. 자카르타 서쪽 약 40㎞ 지점에 조성된 이 단지에는 인도네시아 부유층과 외국인이 주로 거주하고 있다.

© 리포그룹

2억 5,000만 명 인구 대국 인도네시아 성장성 높아

리포그룹은 최근 의료·헬스케어 사업을 전략적으로 육성하고 있다. 개발도상국의 삶의 질이 높아지며 새로운 시장이 열리고 있음을 간파한 것이다.

리아디 회장에게 성공의 비결을 묻자 '신뢰'라는 단어가 돌아왔다. 리아디 회장은 "서비스 산업의 밑바탕은 신뢰"라며 "2016년 960만 명이 리포그룹의 실로암병원을 찾은 것도 다 이런 신뢰가 밑바탕에 있기 때문"이라고 말했다. 리포그룹 산하 실로암병원은 이미 인도네시아 최대 병원이 됐다. 리포그룹 관계자는 "실로암병원

병상을 현재 5,000개에서 2~3년 내에 1만 개로 늘릴 계획"이라고 밝혔다. 2029년 인도네시아가 전 국민을 대상으로 건강보험을 도입하려는 추세에 맞춰 투자에 나선 것이다.

이렇게 헬스케어 부문의 성장 가능성을 본 사모펀드CVC캐피털파트너스는 2016년 8월 실로암병원 지분 15%를 사들이기도 했다. 리포그룹은 이슬람 국가인 인도네시아 기업으로는 드물게 기독교적 신앙에 입각해 교육재단, 의료재단 등을 영위하고 있다. 병원 이름 '실로암'은 성경에서 기적의 연못으로 알려진 명칭을 인용한 것이다.

기독교적 배경이 회교권에서 사업을 하는 데 방해가 되지 않느냐고 물었다. 이에 리디아 회장은 '서번트 리더십'이라는 말로 답을 대신했다. 경영진이 머슴처럼 솔선수범하는 리더십을 발휘해 마음을 얻으라는 것이다. 그러면서 리아디 회장은 "4차 산업혁명 시대에는 아랫사람 위에서 군림하려는 자세를 버려야 한다"며 "영감을 불어넣을 수 있는 능력이 중요하다"고 덧붙였다. 리아디 회장은 실제로 다보스포럼 현장에서 비서진과 차량도 없이 직접 걸어 다니며 세션을 듣는 등 소탈한 모습을 보여 줬다.

리아디 회장은 "창업주인 아버지 목타르 리아디는 모든 사람이 비전을 가져야 하며 멀리, 깊게 봐야 한다고 강조했다"며 "누구든지 비전이 있으면 회사를 이끌 수 있다"고 강조했다. 그러면서 리아디 회장은 "가장 경계하는 것은 관료주의"라고 지적했다.

리아디 회장의 두 아들존 리아디, 헨리 리아디은 그룹에서 각각 경영 일반과 미디어 분야를 맡아 경영 수업을 받고 있다.

　리아디 회장은 "자동으로 승계하는 것은 바람직하지 않다"며 "철저하게 생존력을 보여야 회사 경영의 기회를 얻을 수 있을 것"이라고 말했다. 또 리아디 회장은 한국이 보다 적극적으로 아시아 신흥 시장에 진출해야 한다고 주문했다. 신한금융투자는 2016년 12월 인도네시아 현지 증권사 지분을 인수했고 리포그룹과 전략적 제휴를 맺기도 했다.

1월이면 군사기지로 변하는 다보스

매년 1월 포럼이 열리는 시즌이 되면 스위스 다보스는 군사기지를 방불케 할 정도로 경비가 삼엄해진다. 특히 주요 행사가 열리는 콩그레스센터 주변은 1급 보안시설을 방불케 할 정도로 곳곳에 무장 병력이 배치된다. 주요 건물 옥상 등 핵심 경호대상 시설에는 저격수가 배치돼 있다. 이 같은 시설뿐만이 아니다. 주요 행사가 열리는 주변 호텔에도 모두 금속 탐지기를 포함한 보안 검색대가 설치된다.

매년 국가 정상급 인사만 50여 명이 참석하는 행사다 보니 이런 경호가 불가피하다. 각종 시위대와 테러리스트들에게 다보스포럼은 전 세계의 주목을 받을 수 있는 최고의 무대(?)다. 때문에 보안은 한층 강화되고 포럼 참석자들은 주요 행사장을 오갈 때마다 불편함을 감수해야 한다.

〈매일경제〉 취재팀이 2017년 다보스포럼이 열린 나흘 동안 통과한 보안 검색대 횟수만 100차례가 넘었다. 행사장과 호텔을 오갈 때마다 검색을 받아야 하고 콩그레스센터를 중심으로 반대편에 있는 곳으로 이동을 할 때도 검색은 필수였다.

2017년 다보스포럼 기간 중 스위스 경찰 병력들이 행사장 주변 경비를 위해 집결한 모습.

특히 2017년은 시진핑이 중국 국가주석으로는 처음 다보스포럼에 참석하면서 보안 수준이 더 높아졌다.

현지 언론에 따르면 2017년 다보스포럼에 투입된 병력만 4,800명이다. 다보스 인구 절반에 달하는 병력이 집결한 것이다. 다보스포럼 기간 중 치안 유지비용만 900만 프랑약 100억 원이 소요된 것으로 알려졌다.

2017년 행사에는 드론 잡는 무기가 도입돼 이목을 끌었다. '안티 드론 건Gun'이라는 이 무기는 강력한 전자파를 이용해 무기나 폭탄을 장착한 드론을 무력화시킨다. 과거 그물이 장착된 대형 드론을 이용해 무기나 폭탄을 장착한 드론의 비행을 무력화시키는 모델에서 한 단계 진화한 것이다. 모습은 망원렌즈가 장착된 일반 총처럼 생겼지만 발사되는 것은 총알이 아니라 전자파다. 다행히 2017년 다보스포럼은 별다른 보안 사고 없이 끝났다. 바로 이런 철두철미한 선제적 보안 노력이 있었기 때문일 것이다.

시진핑 주석 기조연설 시 보안 수준은 어땠을까? 이 부분은 다소 의외였다. 시진핑 주석 행사 시에도 휴대폰이 모두 정상 작동했기 때문이다. 한국의 경우, 대통령이 참석하는 행사가 열리면 행사장 인근 휴대폰 기지국이 모두 차단된다. 휴대폰을 조작해 터트리는 폭탄 테러 등을 선제적으로 막기 위해서다. 하지만 시 주석까지 참석하는 행사에서 휴대폰을 자유롭게 쓰는 데 전혀 문제가 없었다. 이미 행사장 주변을 철두철미하게 통제했기 때문에 가능한 일이었다. 덕분에 이 자리에 참석한 언론인들은 생중계 화면이 아닌 실제 시 주석의 연설을 들으면서 전 세계로 속보를 날릴 수 있었다.

그렇다고 모든 행사가 순조롭게 진행된 것은 아니다. 시 주석은 예정 시간을 20여 분 초과해 연설했다. 경호 측면에서 아슬아슬한 사고다. 게다가 시 주석이 연설하는 동안 주변 전광판이 꺼지는 해프닝도 있었다. 몇십 초 뒤에 전광판은 정상으로 복원됐지만 아찔한 순간이었다.

다보스포럼 기간 동안에는 수없이 많은 비공식 행사들이 열린다. '일본의 밤 Japan Night', '맥킨지 조찬' 등 국가 · 기업별로 치열한 네트워킹 행사가 개최된다. 이런 행사 역시 국가 정상 또는 VIP 참석이 부지기수이기 때문에 비공식 행사를 위한 경호 역시 공식 행사 못지않았다.

2017년 다보스포럼에는 아쉽게도 8년 연속 개최됐던 '한국의 밤Korea Night' 행사가 무산됐다. 이 행사를 실무적으로 맡아 주최해 온 전국경제인연합회가 최순실 국정농단 사태에 휘말리면서 행사 개최를 포기했기 때문이다.

매년 '한국의 밤' 행사가 열렸던 모로사니 슈바이처호프Morosani Schweizerhof 호텔은 인도 등 다른 국가들이 차지했다. 다보스포럼이 열릴 때 콩그레스센터에서 비교적 가까운 곳에 위치한 모로사니 슈바이처호프 호텔은 아침부터 저녁까지 각종 비공식 행사로 문전성시를 이룬다. 이 호텔에는 조찬 행사만 매일 3~4개가 열린다. 때문에 새벽 6시 반부터 보안 검색을 받기 위해 영하 20도의 추위에도 참석자들이 길게 줄을 선 모습을 쉽게 볼 수 있다.

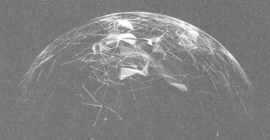

DAVOS REPORT

진화하는 인공지능AI

AI로 사람들이 일할 필요 없는 시대 열린다

4차 산업혁명은 이미 현실이 됐다. 기술 변혁 속도를 따라가기 힘들 정도여서 이제 얼마나 변화를 잘 따라가는지가 경쟁력을 좌우할 것이라는 분석이 다보스포럼 현장에서 나왔다. 4차 산업혁명의 가파른 확산으로 이제 사람들이 일을 할 필요가 없는 시대에 대비하자는 이야기도 나왔다. 사티아 나델라Satya Nadella 마이크로소프트 MS CEO는 "AI인공지능 기술 발달이 취약한 글로벌 경제 성장세에 시동을 걸어 줄 수 있을 것"이라는 낙관적인 전망을 내놓기도 했다.

4차 산업혁명 총아인 AI가 가파른 속도로 발전하고 있다. AI에 집중적으로 투자하고 있는 구글 공동 창업자 세르게이 브린Sergey Brin도 혀를 내두를 정도다. 8년 만에 다보스포럼을 다시 찾은 브린 창업자는 "AI 초창기에는 AI에 별다른 관심을 기울이지 않았다"며 "최근 AI 발전 속도에 놀라고 있다"고 실토했다. AI 발전 속도가 예상했던 것보다 훨씬 빠르고 갈수록 더 빨라지고 있기 때문이다.

구글 모회사인 알파벳 CEO를 맡고 있는 브린 창업자는 "내가 AI 사업에 발을 들여놓았지만 AI의 혁명적인 발전은 나를 놀라게 만든다"며 "지금은 정말 놀라운 시간이다. AI가 무엇을 할 수 있을까. 우리는 그 한계를 진정으로 알 수 없다"고 AI의 무궁무진한 발전 가능성을 강조했다.

그러면서 브린 창업자는 "AI가 사람들을 일상적인 일에서 해방시켜 보다 창조적인 일에 시간을 보낼 수 있도록 만들어 줄 것"이라고 강조했다. 다보스포럼 참석자들도 대부분 4차 산업혁명 시대를 맞아 더 많은 활동이 자동화되고 아웃소싱되면서 기업 내 평균 임직원 숫자가 줄어들 것으로 봤다.

알파벳은 2011년 AI를 연구하고 개발하는 '구글브레인Google Brain' 팀을 발족시킨 후 AI에 집중 투자하고 있다. 2014년에는 AI 스타트업 딥마인드를 인수했다. 딥마인드는 2016년 이세돌 9단과 바둑 대결을 펼쳐 전 세계적인 화제가 된 AI 바둑기사 알파고를 만든 곳이다. 브린과 래리 페이지Larry Page는 1998년에 구글을 설립했다.

인간과 감정까지 나누는 AI

"세라, 고등학생 아들 피터가 자꾸 독립을 하겠다고 하는데 어떻

인간의 감성을 입힌 AI 대화 로봇 '세라'가 다보스포럼 행사장에서 개발자인 저스틴 카셀 카네기멜론대학 교수와 대화하고 있다.

게 해야 할까?"

"에밀리, 피터가 왜 그런 생각을 하는지 잘 생각해 봐. 내가 보기엔 에밀리 당신이 피터를 너무 어린아이 취급을 해 왔어."

2017년 다보스포럼 연례총회 장소인 콩그레스센터에 설치된 AI 로봇 세라SARA와 포럼 참석자 에밀리의 대화 내용이다.

'사회적 인지 기능을 갖춘 로봇 비서Socially Aware Robot Assistant'라는 의미를 담고 있는 세라는 AI 로봇의 진화를 예고했다. 2016년 다보스포럼 때 4차 산업혁명을 화두로 꺼내 들어 전 세계적으로 뜨거운 반향을 일으켰던 다보스포럼이 2017년은 한층 더 진화한 4IR4th Industrial Revolution, 4차 산업혁명 기술을 현장에서 대거 선보였다.

그중에서도 AI 로봇 '세라'는 단연 발군이었다. 그동안 인간의 음성, 표정을 읽고 이에 반응하는 AI 기술은 많이 나왔다. 하지만 세라가 포럼 현장에서 더 주목받은 것은 인간의 감정과 내면 심리까지 파악하고 인지한 뒤 반응하고 인간과 유대 관계를 형성하는 AI 기술을 장착하고 있기 때문이다.

'세라' 개발자인 저스틴 카셀Justine Cassell 카네기멜론대 교수는 "겉으로 드러난 음성과 표정을 읽는 것만으로는 인간과 AI 간 소통에 한계가 있을 수밖에 없다"며 "실제 인간과 가상 인간이 소통을 통해 감정을 인지해야만 정신적으로 교감할 수 있게 된다"고 설명했다. 그러면서 카셀 교수는 "4차 산업혁명 시대에는 사회적 상호작용 기술이 점점 더 중요해질 것"이라고 내다봤다. 주최 측은 연례총회 메인 행사장인 콩그레스센터는 물론 4차 산업혁명 관련 최신 기술을 콩그레스센터에서 2분 거리에 있는 '로프트LOFT'라는 장소에 집중 배치했다.

이곳에는 지난 한 해 동안 수많은 글로벌 정책 결정에 참여했다는 슈퍼컴퓨터와 도덕·윤리·사회적 가치와 연계된 특정 의사결정 사안에 대해 상호 소통하면서 결정하는 프로세스를 포럼 참석자들이 경험할 수 있도록 체험 공간이 마련됐다.

그리고 또 다른 AI 로봇 '소피아'도 만날 수 있었다. 소피아 역시 인간과 교감을 추구하는 AI 로봇이다. 포럼 참석자와 소통하면서 미소를 짓고 눈썹까지 움직이는 등 인간이 할 수 있는 모든 표정을 지을 수 있다. 소피아가 흥미로운 것은 이 같은 표정과 연계된 감정을 축적해 간다는 점이다. 인간과 상호 교감을 하면서 소피아의 성격이 형성되는 구조다. 때문에 소피아를 개발한 핸슨로보틱스는 "소피아의 기억력이 좋기 때문에 소피아를 잘 대해 달라"는 재치 있는 문구를 소피아 옆에 붙여 놓기도 했다.

마이크로소프트는 케이스웨스턴대와 함께 '홀로그램을 활용한 몰입형 교육Immersive Education' 체험장을 마련해 인기를 끌었다. 단순히 표정·음성 인식을 넘어 인간과 소통할 수 있는 AI를 장착한 세라나 소피아와 같은 로봇의 등장 등 인간에 더 접근한 기술 개발은 4차 산업혁명이 전 세계적으로 선형적인 변화가 아닌 기하급수적인 변혁을 몰고 오고 있음을 명확히 보여 준다.

AI로 할 수 있는 것들

2017년 다보스포럼 '인공지능' 세션에서는 AI가 가져올 변화와 이를 어떻게 응용할 것인지에 대해 비즈니스계 거물들이 참석해 열띤 토론을 벌였다. AI를 산업에 적용할 때의 윤리 문제, AI가 가져올 고용 형태 변화 등이 주된 주제였다. 세션은 로버트 스미스Robert F. Smith 비스타이쿼티파트너스 회장이 진행했고 이토 조이치Ito Joichi MIT미디어랩 소장, 사티아 나델라Satya Nadella 마이크로소프트 CEO, 지니 로메티Ginni Rometty IBM 회장, 론 구트만Ron Gutman 헬스탭 CEO 등이 패널로 참석했다.

스미스 회장은 "AI가 훌륭한 리더, 훌륭한 마음, 그리고 인간적인 접근 방식Humanistic Approach과 결합하면 우리가 당면한 문제를 해결하

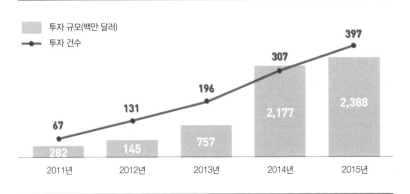

자료: CB인사이트

는 데 가장 좋은 도구가 될 수 있을 것이라 감히 생각한다"고 밝혔다.

세계에서 가장 주목받는 AI 중 하나인 '왓슨'을 개발한 IBM의 로메티 회장은 AI 기술 활용과 관련해 '투명성의 원칙'을 꼽았다. 로메티 회장은 "AI를 만들 때 왜 우리가 AI를 이용하는지, 언제 이용하고 어떻게 훈련시킬 것인지, 누가 AI 기술에 대한 통찰력을 지도할 것인지에 대해 인지하고 있어야 한다"고 강조했다. 또 세상을 위한 기술을 앞으로 어떻게 발전시킬 것인지에 대한 사명감도 있어야 한다고 강조했다.

그러면서 로메티 회장은 "가장 중요한 것은 AI를 가지고 무엇을 할 것인지에 대해 완전히 이해하는 것"이라며 "왓슨을 만들 때 인간이 할 수 있는 일을 극대화시키고 인간에게 도움이 되는 방향으로 발전시키겠다는 목표를 확실히 잡은 뒤 일을 진행했다"고 설명했다. 앞으로 많은 사람들이 AI와 함께 일을 하게 될 것이고 이 경우 AI를 사용하는 목적에 대해 완전히 이해하고 시작하는 것이 중요하다는 진단이다.

이와 관련해 로메티 회장은 AI로 무장한 왓슨 개발 당시, 목적을 정한 뒤 기술을 적용할 산업 분야를 골랐고 마지막으로 비즈니스 모델을 구축했다고 밝혔다. 우리가 이용하는 AI를 어떤 분야에 적용시킬 때 그 분야가 추구하는 가치가 무엇인지를 미리 파악하는 것이 무엇보다 중요하다는 지적이다.

로메티 회장은 "예를 들어 인도에는 600명당 1명의 종양 환자가 있다. AI를 활용해 종양 환자를 가려낸 뒤 의사가 이를 집중적으로 치료할 수 있다"며 AI를 의료 목적에 활용, 인간 복지 개선에 도움이 될 수 있다는 점을 강조했다. 그러면서 로메티 회장은 "우리의 AI 기술은 사람을 위해, 사람에 의해, 그리고 사람과 함께 만들어진다Built for the people, by the people and with the people"고 강조했다.

나델라 CEO는 AI와 민주화와의 관계에 대해 언급했다. 나델라 CEO는 "내가 태어난 인도의 도시와 내가 지금 살고 있는 미국의 도시 고등학교 학생들의 성적을 향상시키기 위해 동일한 '머신 러닝' 프로그램을 이용할 수 있다"며 "이것이 바로 내가 생각하는 AI 민주화"라고 설명했다.

나델라 CEO는 "내가 AI 다음 단계에 대해 고민하는 것은 어떻게 하나의 훌륭한 AI 기술이 삶의 모든 발자취에 녹아들어 갈 수 있도록 할 것인가"라고 강조했다. 그러면서 세계적인 자동차 회사 롤스로이스나 볼보 등이 운전자의 안전을 확보하는 방향으로 AI를 활

사티아 나델라 마이크로소프트 CEO가 2017년 다보스포럼에 참석해 4차 산업혁명이 가져올 변화에 대해서 설명하고 있다.
ⓒ 블룸버그

용하는 것 등이 삶의 진보를 가져올 수 있을 것으로 기대했다.

또 나델라 CEO는 "우리가 AI에 대해 논의할 때 첫 번째로 생각했던 것은 인간이 AI 기술을 통해 무엇을 배우는 것도 있지만, 인간이 이미 잘하고 있는 것을 더 잘하게 도울 수 있는 방법이 무엇인가였다"고 강조했다. 인간이 AI에 예속되는 것이 아니라 AI가 인간에게 예속되게 하는 것이 중요하다는 얘기다.

이토 소장도 AI 윤리에 대해 강조했다. 이토 소장은 "우리 미디어랩에 조이라는 흑인 친구가 있는데, 이 친구가 AI를 갖춘 도서관을 갔을 때 그 AI 기술이 너무 백인에게만 맞춰져 있어 조이의 얼굴을 인식하지 못한다고 하더라"며 "이는 AI 개발 기술자들의 다양성이 부족했다는 것을 의미하는 것"이라고 지적했다. 이토 소장은 "AI가 소비자들에게 어떤 '솔루션'을 제공해 주는 것에 그치는 것이 아니라 소비자들이 이 기술에 대한 흥미를 가지고 이 기술을 창출해 내는 데 적극적으로 참여하게 하는 것이 중요하다고 본다"고 강조했다.

　AI를 활용한 교육 시스템 개혁을 주장하는 목소리도 나왔다. 이토 소장은 "AI 활용과 관련해 선진국들이 직면한 가장 큰 문제는 교육 시스템"이라며 "수식만 가르치는 교육은 더 이상 안 된다"고 지적, 현 교육 시스템을 비판했다. 이토 소장은 "컴퓨터가 더 잘할 수 있는 수식은 컴퓨터에 맡기고 컴퓨터가 할 수 없는 협력 과제나 프로젝트 교육을 더 강화하는 것이 중요하다"고 주장했다. 이토 소장은 "AI 교육 인프라가 확산되면 앞으로는 다양한 프로젝트를 가지고 교육을 시키는 그런 학교가 생길 수 있다"고 내다봤다.

현실이 된 4IR

샌프란시스코 4IR센터 개설

세계경제포럼 사무국도 4차 산업혁명의 거대한 물결에 뛰어들었다. 2016년 다보스포럼에서 4차 산업혁명 시대 도래를 예고해 전 세계적인 반향을 일으킨 데 이어 IT 혁신 메카인 샌프란시스코에 4차 산업혁명을 의미하는 4IR센터The 4th Industrial Revolution Center를 오픈했다. 스위스에 본거지를 두고 있는 세계경제포럼이 해외에 특정 국가·지역을 관할하는 사무국을 개설한 적은 있지만 특정 사업을 위해 별도 조직을 해외에 신설한 것은 이번이 처음이다.

세계경제포럼 관계자는 "샌프란시스코 4IR센터는 4차 산업혁명 기술 집합체인 자율주행차 등 최신 기술을 연구하는 허브 역할을 할 것"이라고 밝혔다. 다보스포럼이 주도한 4IR센터는 4차 산업혁명을 이끄는 혁신 플랫폼이 될 전망이다. 샌프란시스코 4IR센터에는 GM제너럴모터스·도요타·BMW 등 전 세계적인 자동차 메이커와 IT·물류기업 등 업종 구분 없이 글로벌 대기업들이 자율주행차 개발을 위한 '글로벌 연합군'을 결성, 구체적인 결과물을 내놓을 방침이다. 그리고 블록체인, 드론, 디지털 교역, 사물인터넷 등 다양한 분야에 대한 연구를 진행한다.

이치럼 4차 산업혁명이 촉발한 거대한 변화 속에 기업은 물론 전 세계 각국이 발 빠르게 움직이고 있지만 사회적 혼란에 휩싸인 한국의 발걸음은 너무 더디다는 우려의 목소리가 적지 않다.

변대규 휴맥스 회장은 "4차 산업혁명은 네트워크 효과 때문에 산 위에서 눈이 굴러 내려오는 것처럼 점점 더 빠르고 크게 진행된다"며 "4차 산업혁명 시대에는 우리나라가 이제까지 추구해 온 '추종자형Catch-up' 전략이 더 이상 통하지 않는다"고 지적했다. 변 회장은 "AI 기술을 비롯해 많은 분야에서 이미 경쟁국에 뒤진 상태인데 규제까지 많아 앞으로 나아가지 못하고 있다"고 안타까워했다.

국경 허무는 4차 산업혁명…미래車 글로벌 연합군 뜬다

어느 국가와 업종도 4차 산업혁명을 이해하고 적용하지 않고서는 생존이 어려워진 시대가 도래하고 있다. 국가 간, 업종 간 융합이 활발해지고 있는 것은 이 때문이다.

이런 흐름 속에서 수소에너지를 활용하는 13개 글로벌 업체가

현대자동차 투싼ix35 수소전기차 택시   ⓒ 현대자동차

2017년 다보스포럼에서 동맹을 결성했다. 파리기후변화협약 목표를 성공적으로 이행하기 위해 수소에너지를 적극 활용한다는 취지다. 현대자동차도 다보스에서 출범한 '수소위원회 Hydrogen Council' 공식 회원사로 참여한다. 포럼 개최 기간 중 발족식을 연 수소위원회는 완성차와 에너지 기업 등 13개로 구성됐다. 회원사로는 현대자동차를 비롯해 가와사키, 다임러, 도요타, 로열더치셸, 린데그룹, BMW, 알스톰, 앵글로아메리칸, 에어리퀴드, 엔지, 토탈, 혼다가 포함됐다.

　수소위원회는 이들 13개 기업 중 에어리퀴드와 도요타를 초대 의장사로 선출했다. 수소위원회는 산업화 이전 대비 지구 평균 온도 상승 폭을 현재 섭씨 2도보다 낮은 1.5도로 끌어내리기로 한 2015년 파리기후변화협약에 대한 지지를 강조했다. 이를 위해 수소를 대체에너지로 적극 사용해 줄 것을 국제사회에 요청했다. 수소에너지가 탄소를 전혀 배출하지 않는 무공해 에너지원으로 저탄소·친환경 사회 구현을 목표로 하는 글로벌 사회에서 핵심 역할을 할 수 있다는 판단에서다.

수소위원회는 앞으로 세계 각국 정부, 기업, 시민단체와의 협업을 통해 수소에너지 상용화에 앞장서기로 했다. 수소위원회는 탄소를 전혀 배출하지 않는 무공해 연료 수소가 미래 신성장 동력이 되고 환경문제를 해소하는 차원에서도 비중이 점차 커질 것으로 전망했다.

발족식에서 완성차 업계 대표로 기조연설을 맡은 양웅철 현대자동차 부회장은 "1990년대 초부터 완성차 업계는 수소차를 차세대 파워트레인으로 생각해 개발에 힘썼고 20년이 지난 현재 상용화를 앞두고 있다"고 밝혔다. 양 부회장은 "완성차 업체들의 노력만으로는 수소차 상용화 실현에 한계가 있다"며 "수소위원회는 다양한 분야 기업체들의 참여를 독려하고 수소 사회 실현을 위한 플랫폼을 지속적으로 개발하고 제공할 것"이라고 강조했다.

글로벌 수소차 시장은 현재 현대자동차와 도요타가 양강 구도를 형성하고 있다. 현대자동차는 2013년 투싼ix를 기반으로 세계 최초로 수소차 양산에 성공했고 2018년 평창 동계올림픽에 맞춰 새로운 수소차를 선보일 계획이다. 도요타도 일본 정부 지원 속에 2014년 세단형 수소차 '미라이'를 공개하며 2020년까지 전 세계에서 3만 대를 판매하겠다는 목표를 내놓기도 했다. 이들 양 사는 최근 수소차

버스도 개발해 판매에 나서는 등 관련 사업을 적극 추진 중이다.

현대자동차와 도요타 외에도 2015년에는 혼다가 수소차 '클래리티'를 출시하며 수소차 사업에 뛰어들었다. 다임러, 닛산, 아우디, BMW 등도 2020년까지 수소차를 속속 선보일 것으로 예상된다.

수소차 확산의 가장 큰 걸림돌은 가격이다. 투싼ix 수소차만 해도 대당 8,500만원을 넘는다. 정부 보조금이 들어가면 5,000~6,000만원대로 낮아질 수 있지만 이마저도 동급 내연기관 차량과 비교하면 훨씬 비싸다. 여기에 1회 충전 시 주행거리가 300~400㎞로 늘어나기는 했지만 전기차처럼 전용 수소 충전시설 인프라 구축이 선행돼야 하는 것도 과제다. 글로벌 시장조사 업체들은 2020년 이후 수소전기차 대중화 시대가 도래할 것으로 보고 있다.

4차 산업혁명이 바꿀 일자리 지도

2017년 다보스포럼 '직업과 4차 산업혁명' 세션에서는 4차 산업혁명기의 교육과 일자리 문제에 대한 심도 깊은 토론이 벌어졌다. 이 자리에는 에릭 브리뇰프슨Erik Brynjolfsson 미국 MIT 슬론 경영대학원 교수, 수잔 포티에Suzanne Fortier 캐나다 맥길대 부총장, 사디아 자히디Saadia Zahidi 세계경제포럼 수석연구원 등이 참석했다.

그들은 우선 4차 산업혁명과 AI 부상으로 많은 사람들이 일자리를 잃을 것으로 봤다. 새로운 시대의 불가피한 현상이다. 물론 새로

사디아 자히디 세계경제포럼 수석연구원, 수잔 포티에 캐나다 맥길대 부총장, 에릭 브리뇰프슨 미국 MIT 슬론 경영대학원 교수(왼쪽부터)가 다보스포럼에서 4차 산업혁명에 따른 일자리 영향을 논의하고 있다. © 세계경제포럼

운 직업은 생겨난다. 하지만 일자리를 잃은 사람이 바로 새로운 직업에 편입되는 것은 아니다. 실업의 고통은 여전히 기존에 일자리를 잃은 사람들의 몫이다.

그들은 4차 산업혁명발 일자리 충격을 조금이라도 줄이기 위한 교육의 중요성을 강조했다. 또 교육 방식도 창조성 그리고 사람 간소통을 중시하는 쪽으로 바뀌어야 한다고 주장했다. 또 기술혁신 과정에서도 많은 사람들이 그 혜택을 누릴 수 있는 '포괄적 혁신 Inclusive Innovation'의 중요성을 강조했다. 다음은 세션 주요 발언이다.

» 사디아 자하디 최근 채용 시장 변화를 어떻게 봐야 하나? 77%의 직

업이 없어질 것이라는 분석도 있다. 또 2020년까지 직업에 필요한 기술의 30%는 지금과 달라질 것이라는 분석도 나오고 있다.

» **에릭 브리뇰프슨** 큰 변화가 예상된다. 자율주행차가 나왔다. '머신러닝'이라는 기술로 기계가 사람보다 우월한 경우가 많이 발생한다. 기계는 수많은 데이터를 흡수한다. 4차 산업혁명 과정에서 많은 직업이 생길 수도 있고 그 직업에서 많은 돈을 벌 수도 있다. 하지만 이것이 좋은 소식은 아니다. 많은 사람들이 이 과정에 참여할 수 없기 때문이다.

많은 사람들은 4차 산업혁명 과정에서 뒤처질 것이다. 미국에서는 80%의 사람들이 소득이 15년 전보다 늘어나지 않았다. 세계적으로 여러 차례의 선거 결과가 이런 사람들의 불만을 반영하고 있다. 사람들은 현재 상태에서 행복감을 느끼지 못하고 있다.

» **수잔 포티에** 우리는 수많은 직업이 사라지는 것을 목격할 것이다. 시그널은 분명하다. 과학기술이 발전하면서 높은 기술 수준을 요하는 직업들도 사라질 것이다. 가장 놀랄 만한 것은 우리가 지금 해야 할 일을 하지 않고 있다는 것이다. 지난주 BMW 공장을 방문했다. 많은 로봇들이 인상적이었다. 하지만 이것이 전부는 아니다. 우리는 예측하기 힘든 미래를 준비해야 한다. 학습하는 방식을 바꿔야 한다. 깊이 있는 이해를 해야 하고 창조성과 기업가의 혁신성을 높이는 방식을 추구해야 한다. 우리에게 4차 산업혁명은 내일이 아닌 오늘의 일이다.

» **에릭 브리뇰프슨** 교육을 어떻게 바꿔야 할지에 대한 고민이 필요하다. 먼저 기계가 할 수 있는 것과 사람이 할 수 있는 것을 구분해야 한다. 다음으로 사람 간에 정서적인 소통을 어떻게 할 것인지에 대해서도 고민해야 한다. 지금 대학은 이런 교육을 하고 있지 않다. 우리는 차밍스쿨에서 하는 것처럼 기업가들을 확실히 가르쳐야 한다. 진정한 창조가 필요한 시점이다. 머신 러닝과 AI는 이를 도와줄 수 있다. 하나와 다른 하나를 매칭하는 깃 같은 일들은 기계가 10배나 빨리할 수 있다. 기술의 도움을 받아 인간은 그들이 해 왔던 일들을 점점 더 잘할 수 있다.

» **사디아 자하디** 누가 어떻게 이런 조화를 만들 수 있을까?

» **수잔 포티에** 많은 대학 캠퍼스에서 학생들은 학습하는 방식을 바꾸고 있다. 사회적 혁신과 관련해 나는 학생들이 다른 스타일의 활동을 할 수 있도록 커리큘럼을 재구성하는 것을 보고 있다. 다른 세대 사람들은 멘토가 돼야 한다. 나는 학생들이 미래에 어떤 세상에서 살려고 하는지 보는 게 흥미롭다.

» **사디아 자하디** 30억 명이 넘는 사람들이 4차 산업혁명과 AI의 영향을 받고 있다. 어떤 방식의 교육이 누구에게 제공돼야 하는가?

» **에릭 브리뇰프슨** 정부와 기업 간에 투자와 채용과 관련한 협조가 필요하다. 수십억 명의 사람들이 새로운 교육 시스템에 접근하려고

하지만 대부분 실패한다. 모든 사람들이 모바일폰을 갖고 있어 이 것이 많은 사람들에게 접근하는 수단이 될 수 있다. 하지만 대화를 통해 소통을 더 잘할 수 있는 것은 다른 문제다. 소통을 더 잘하기 위해 교육이 필요하다.

» **수잔 포티에** 고령화사회가 되면서 미래의 사람들은 공부, 노동, 레저 등 세 가지 활동 간의 균형을 유지해야 한다. 우리는 사람들이 필요한 것과 필요로 할 것을 어떻게 제공할지에 대한 계획을 갖고 있어야 한다. 이것이 생산적인 삶을 이끌 것이다. 우리는 변화와 수명에 대해 동시에 생각해야 한다. 거대한 도전이 우리 앞에 있다. 일단 전망은 낙관적이다. 여러 가지 기회와 혜택이 늘 것이다. 하지만 이런 기회와 혜택은 균등하게 분배되지는 않는다. 우리가 지금 보고 있는 것을 확산시키도록 노력하는 것이 중요하다.

» **에릭 브리뇰프슨** 기계는 갈수록 많은 일을 할 것이다. 하지만 거기에 너무 초점을 맞추는 것은 바람직하지 않다. 우리가 현재 갖고 있는 문제는 전적으로 다르다. 우리는 여전히 많은 문제를 안고 있고 그 문제들은 인간의 노동을 필요로 한다. 가까운 미래에 너무 중점을 두는 것은 바람직하지 않다. 우리는 지금 당장 닥친 문제를 풀어야 한다. 그래야 낙관적인 미래를 가져올 수 있다.

» **사디아 자하디** 개발도상국의 변화에 대해서는 어떻게 생각하나?

» **에릭 브리뇰프슨** 중국을 방문했을 때 나는 많은 개발도상국이 4차 산업혁명의 중심이라고 생각했다. 여기에는 많은 사람들이 적은 임금으로 단순노동을 하고 있었다. 이런 노동은 앞으로 로봇이 대체할 가능성이 높다. 지금까지는 그들이 교육에 투자하고 자신을 개발하면서 발전해 왔지만 기술혁명에 가속도가 붙으면 여기에 적응하기 어려워진다. 이것이 전 세계가 직면한 도전이다.

» **사디아 자하디** 어떤 사람들은 노동자를 착취하는 디지털 공장이 생길 것이라고 한다. 어떻게 생각하나?

» **에릭 브리뇰프슨** 유혹은 있을 것이다. 기술이 도구가 될 수 있다. 기술을 좋게 또는 나쁘게 사용할 수 있다. 나는 한쪽으로 치우쳐 전망하는 것은 바람직하지 않다고 생각한다. 어떤 국가는 노동 착취적인 상황을 만들 것이고 다른 나라와 기업은 번영을 누릴 수 있다.

» **사디아 자하디** 교육 시스템은 어떻게 돼야 하나?

» **수잔 포티에** 르네상스 시대 교육을 추천한다. 당시에는 르네상스로 모든 사람들이 혜택을 입었다. 인본주의와 예술을 모든 학생들이 향유했다. 현대에도 직업을 위한 교육 그리고 교육 그 자체를 얻는 것. 이 둘 사이의 균형을 잘 맞추는 것이 중요하다.

» **에릭 브리뇰프슨** 어려운 기술과 단순한 기술 사이의 구분이 있다. 하

지만 장기적으로 모든 기술을 배울 수 있고 이런 기술자들 사이가 연결될 것이다. 교육과 관련해 중요한 것은 세 가지다. 첫째는 창조성, 둘째는 사람 간 소통하는 기술, 세 번째는 '승자독식 경제' 구조를 극복하는 것이다. 또 포괄적 혁신을 강조하고 싶다.

» **수잔 포티에** 나는 연구Research, 개발Develop, 디자인Design을 강조한다. 이 세 분야는 기계보다는 인간의 활동을 요구하는 분야다. 전 세계적으로 포괄적 혁신이 요구된다.

4차 산업혁명이 개도국에 미칠 영향

아프리카와 러시아에서도 4차 산업혁명은 큰 반향을 일으키고 있다. 이들 국가는 신기술 개발이 어려운 상황임에도 나름대로의 정책으로 4차 산업혁명 시대를 준비하고 있다.

2017년 다보스포럼 '4차 산업혁명의 혁신적인 변화' 세션에서는 튀니지, 에스토니아 등 개발도상국 사례에 대한 집중적인 논의가 이뤄졌다. 이들 나라의 성공과 실패 사례를 통해 많은 시사점이 도출됐다.

이날 세션에는 케벨로 모요Kebelo Moyo KPMG보츠와나 디렉터, 아크라프 아우와디Achraf Aouadi I-와치 튀니지아 대표, 안톤 그라체프Anton Grachev 러시아 고등기술테크노파크 IT파크 이사, 투마스 헨드릭Toomas Hendrik Ilves 일베스 전 에스토니아 대통령, 베스 시몬 노

응가이레 우즈 옥스퍼드대 교수, 베스 시몬 노벅 예일대 교수, 안톤 그라체프 러시아 고등기술테크노파크 IT파크 이사, 투마스 헨드릭 일베스 전 에스토니아 대통령(왼쪽부터)이 다보스포럼에서 4IR이 신흥국에 미칠 영향에 대해서 논의하고 있다.

© 세계경제포럼

벡Beth Simone Noveck 미국 예일대 교수 등이 참석했고 응가이레 우즈 Ngaire Woods 옥스퍼드대 교수가 사회를 맡았다. 다음은 세션 주요 내용이다.

》 응가이레 우즈 시진핑 중국 국가주석은 다보스 연설 중 "4차 산업혁명은 빛이 나지만 아직 경제성장 원동력이 되지는 못했다"라는 말을 했다. 이는 우리 모두에게 도전 과제가 되지 않을까 생각한다. 앞으로 더 나아가기 위해 어떻게 4차 산업혁명을 활용할 수 있다고 생각하는가?

» **케벨로 모요** 보츠와나의 경우, 4차 산업혁명을 맞을 준비가 잘돼 있다고 보기는 어려운 상태이다. 하지만 상품과 서비스에 존재하는 기술적 격차를 좁힐 수 있는 기회가 되리라 생각한다. 모바일 뱅킹을 예로 들면, 유럽 및 서방 세계에서는 온라인 뱅킹이 더 일반화돼 있는 반면 인프라 부족과 금융 분야 변화로 보츠와나에서는 서방 국가들에서보다 모바일 뱅킹이 더 일반적으로 많이 사용되고 있다.

» **응가이레 우즈** 튀니지는 어떤가?

» **아크라프 아우와디** 우린 계속 더 심해지는 부패에 대항해 청년들이 어떤 역할을 수행할 수 있을지에 대한 얘기를 나눴다. 사업 환경도 낡은 시스템 속에서 고전을 면치 못하고 있고, 4차는커녕 3차 산업혁명에 대해 얘기할 수 있는 정도가 되는지도 솔직히 의심스럽다. 튀니지 정부는 디지털 시대 흐름에도 동떨어져 있기 때문이다.

» **응가이레 우즈** 튀니지 혁명이 소셜 미디어와 디지털 수단을 통해 이뤄진 것으로 알고 있었기에 당신의 얘기는 더욱 놀랍게 느껴진다.

» **아크라프 아우와디** 젊은 층의 소셜 미디어 활용 능력은 국가 정부의 활용 능력보다 훨씬 뛰어나지만, 튀니지에서는 국제 신용카드 한 장 만드는 것도 불가능한 상황이기 때문에 청년 기업가들이 인터넷 홈페이지 도메인 하나 구입하는 것도 어렵다. 튀니지 정부의 발

전 속도가 뒤처져 있기 때문에 젊은이들의 인터넷과 소셜 미디어 활용 능력과의 갭이 매우 크다. 이는 결국 튀니지에 투자하려는 사람들도, 혁신하려는 시도도 모두 밀어내는 결과를 낳고 있다.

» **응가이레 우즈** 아프리카 국가들이 다른 나라들을 뛰어넘어 4차 산업혁명 시대의 새로운 기술들을 통해 경제적 성장을 이룰 수 있으리라고 보는가? 에스토니아 대통령으로서 3차 산업혁명을 통해 다른 나라들을 훌쩍 뛰어넘도록 이끈 경험이 있기에 궁금하다.

» **투마스 헨드릭 일베스** 기술적 유산이 없었다는 점이 에스토니아가 다른 나라들을 앞서 나갈 수 있도록 한 중요 요인이라고 생각한다. 자력으로 발전을 이루려는 나라들에게 내가 꼭 해 주고 싶은 말이 있다. "어떠한 후원자로부터도 폐기된 옛 기술을 받아들이지 말라"라는 주문이다. 이는 내가 주장하는 일반적인 룰이다. 더 용기를 내고, 다른 나라가 우리보다 어떤 측면에서 조금 더 앞서 나갔다고 해서 위축되지 말고 자국민들의 역량을 더 믿어 줬으면 좋겠다. 다른 나라가 한 방법과는 또 다른 새로운 방법으로 더 큰 발전을 이룰 수 있는 가능성은 늘 열려 있지 않은가? 에스토니아는 이런 일을 아주 많이 경험했다.

한 가지 덧붙이고 싶은 말은 기술과 관련된 많은 것들이 실제로는 기술과 관계없는 경우가 많다는 것이다. 기술은 산소와도 같아 우리 주변에 늘 있다. 이런 기술들을 사용하고 안 하고는 결국 입법 정책과 규제에 달려 있다. 어떤 나라 정부가 적극적인 자세로, 앞서

가는 마인드로 "해 보자! Let's do it"라고 하면 다양하고 훌륭한 기술이 많이 사용될 수 있을 것이고, 정부가 회의적인 입장을 취해 기술 발전에 소극적이면 많은 기술들이 빛을 볼 수 없게 되는 것이다.

» 응가이레 우즈 러시아 상황은 어떤가?

» 안톤 그라체프 러시아는 매우 거대한 나라다. 그렇기 때문에 그만큼 자원도 많지만 도전 과제들도 많다. 4차 산업혁명은 탄탄한 인프라가 있을 때만 가능하다. 타타르공화국의 카잔에도 이러한 인프라가 잘 갖춰졌기 때문에 IT 경제적 활용도가 가장 발전된 곳이라는 명성도 얻고 유능한 인재들도 모이게 됐다고 생각한다. 테크놀로지파크에는 140개가 넘는 회사가 있는데 다양한 회사와 사람들의 협업으로 시너지가 창출되고 있다.

» 응가이레 우즈 산업계와 정부 중 누가 이런 성과를 이루었다고 생각하는가?

» 안톤 그라체프 둘 다 함께 이룬 성과라고 생각한다. 어느 한쪽만의 계획으로는 이렇게 실행되기 어렵다고 보기 때문이다.

» 응가이레 우즈 미국은 신기술 발전의 선두 국가다. 하지만 의약품 관련 기술 분야를 살펴보면 기술 발전은 너무나도 눈부시나 전체 인구의 극소수만이 이런 선진화된 고급 기술의 혜택을 받는다는

사실에 크게 놀랐다. 아무리 기술이 좋아도 이를 통한 혜택을 누릴 수 있는 국민이 5%밖에 되지 않는다면 이는 분명 풀어야 할 과제인 것이다. 어떻게 하면 이 상황을 개선시킬 수 있을까?

» **베스 시몬 노벡** 기술 포용성 문제와 혜택의 격차도 기술적인 문제라기보다는 결국 국가 정책의 문제다. 결론적으로 이 문제는 어떻게 재창조하고 통치하고 정책을 만들지에 연결된다. 정책 입법 과정에 일반 국민의 참여를 높여야 한다. 이미 정해진 정책에 의견을 묻는 수준을 벗어나 더 적극적으로 함께 정책 입안 과정에 참여시켜 어젠다를 만들어 나가야 한다.

일반이라고 칭하지만 사실 우리 모두 어떤 면에서는 전문가가 아닌가? 대단한 지식이나 기술을 가진 전문가는 아니라도 경험적 지식이 풍부할 수도 있고 좋은 아이디어가 있을 수도 있다. 그런 사람들이 많이 정치에 참여해 알고 있는 지식과 정보를 나누고, 어떻게 하면 더 발전할 수 있을지 함께 고민해 본다면 더 나은 방향으로 나아갈 수 있지 않을까.

» **응가이레 우즈** 기술 발전을 이루기 위한 방법으로, '바텀 업'과 '탑다운' 접근법 중 무엇이 적합하다고 판단하는가?

» **아크라프 아우와디** 나는 두 가지 옵션 모두 유효하다고 생각한다. 결국 타이밍의 문제라고 할 수 있겠다. 정부에서 뚜렷한 비전이 있고 지지가 있으면 모든 일이 한층 더 빨리 진행될 수 있는 것이고, 그

렇지 않은 경우라면 사회적 논의부터 시작해야 하기 때문에 시간
이 상대적으로 많이 걸린다. 두 방식을 조화시키는 것이 제일 효과
적일 것이라고 생각한다.

中 경제주석
마윈 알리바바 회장의 꿈

거대 중국을 움직이는 두 사람을 꼽으라면?

대부분의 사람들이 시진핑 국가주석과 함께 중국을 움직이는 사람으로 꼽는 사람이 있다. 바로 마윈 알리바바 회장이다. 마 회장은 불과 20년이 채 안 되는 기간에 알리바바를 세계적인 인터넷 기업 반열에 올려놓았다. 이제 중국에서는 알리바바에서 물건을 주문하고 알리페이로 결제하고 알리바바픽처스 영화를 보는 것을 제외한 삶을 상상하기 힘들다. 이런 신화를 창조한 마 회장이 2017년 다보스포럼에 참석했다. 마 회장은 다보스포럼 강연에서 '30'이라는 숫자를 꺼내들었다.

마 회장은 "기술은 30년을 바라보는 기술을 봐야 하고, 사람은 30세인 사람을 지켜봐야 하고, 기업은 30명의 직원을 가진 기업에

중국 기업인 중 최고의 혁신 기업가로 꼽히는 마윈 알리바바 회장이 2017년 다보스포럼에 참석해 앞으로 '30년, 30세, 30명'에 주목하라고 강조했다.
ⓒ 블룸버그

관심을 갖고 있다"고 말했다. 마 회장은 "30년, 30세, 30명에 집중해야 한다"며 "이것이 세상을 더 나은 세상으로 만들 것"이라고 강조했다. 1989년 보잘것없는 상태에서 창업한 마 회장이 세상을 보는 눈은 이렇게 젊지만 기술로 영속성 있는 기업을 만드는 상징적인 숫자 '30'에 맞춰져 있다.

알리바바는 2016년 미국 영화감독 스티븐 스필버그의 영화 제작사 지분을 일부 인수했다. 마 회장은 이런 결정을 내린 이유를 설명하면서 어려웠던 시절로 점철된 마치 영화와 같은 삶의 궤적을 공개했다. 마 회장은 "내가 가장 좋아하는 영화는 〈포레스트 검프〉"라며 "주변에서 내가 미쳤고 안 될 것이라는 얘기만 들었지만 포레스트 검프가 달리기를 통해 앞으로 나아간 것만을 생각했다"고 말했다. 그러면서 마 회장은 "포레스트 검프가 새우를 잡으면서 돈을 벌었던 것처럼 나도 작은 기업에 집중하기로 했다"고 말하기도 했다. 이런 과정을 통해 그는 알리바바를 단순한 전자 상거래 기업이 아니라 사람들에게 영감을 주는 기업으로 만들고 싶게 됐다고 전했다.

마 회장은 "중국 영화에서는 영웅이 항상 죽지만 미국 영화에서는 절대로 죽지 않는다"며 "나는 죽지 않는 영화를 만들고 싶었고 그래서 할리우드와 파트너십을 맺어야 한다고 생각했다"고 영화사 지분 배경을 설명했다. 마 회장은 "알리바바는 우리 사업이 사회 문제를 해결하느냐의 관점에서 5년마다 전략을 재검토한다"며 "더 큰 문제를 해결할수록 더 큰 성공을 거둘 수 있다"고 강조했다. 마 회장은 "10년 후, 20년 후 중국 사회가 원하는 것은 행복Happiness과 건강Health, 즉 2H"라며 "영화 산업이 사람들을 행복하게 만든다고 생각한다"고 덧붙였다.

마 회장은 자신에게 여러 가지 꿈이 있다고 말했다. 마 회장은 "모든 것이 불확실한 세상이기 때문에 나는 무엇인가를 예상하지 않지만 여전히 여러 가지 꿈을 가지고 있다"고 말했다. 마 회장은 "세상은 너무 멋진데 항상 알리바바 CEO로 남아야 할까라는 고민도 한다"며 "사무실이 아니라 해변에서 자고 싶은 것도 하나의 꿈"이라고 밝히기도 했다.

마 회장은 '인터넷 실크로드'로 불리는 eWTPelectronic World Trade Platform, 전자세계무역 플랫폼 구축 필요성도 강조했다. 마 회장은 "다자간 협의체인 WTO는 대단하지만 선진국과 대기업을 위한 것이지 중소기업을 위한 것은 아니다"라며 "국경을 넘어 전 세계를 상대로 상거래를 하는 eWTP를 구축해 보고 싶다"고 밝혔다. 마 회장은 "사업은 사업을 하는 사람이 해야 한다"며 "(외교관이 아닌) 기업가가 모여 이런 부분에 대한 합의를 이뤄 나가야 할 것"이라고 제안했다.

작은 거인 마윈은 누구

마윈Jack Ma 알리바바 회장은 현재 중국뿐 아니라 전 세계에서 가장 영향력 있는 기업인이다. 특히 그의 드라마틱한 성공 스토리는 중국 젊은이들에게 롤 모델이 되고 있다.

마윈은 1964년 중국 항저우에서 태어났다. 그는 어렸을 적 영어 선생님을 짝사랑하면서 영어에 대한 관심을 갖게 됐다. 하지만 이를 공부할 방법이 없었다. 그래서 매일 집에서 자전거로 40분 거리에 있는 호텔에 가서 관광객들에게 무작정 말을 걸기 시작했다. 관광 가이드를 자임하고 대신 영어를 배운 것이다. 이를 자그마치 9년간 계속했다. '잭'이라는 영어 이름도 이때 만난 한 외국인이 지어준 것이다.

그의 인생은 끊임없는 도전과 좌절의 연속이었다. 마윈은 4년이나 도전을 해서 항저우사범대학에 입학한다. 졸업 후 KFC 매장을 비롯해 수십 개 회사에 지원했지만 번번이 탈락했다. 결국 그는 영어 실력을 살려 한 대학의 영어 강사로 취직에 성공한다.

1995년 그는 미국 출장에서 처음으로 인터넷이라는 것을 접하게 됐고 기업 웹사이트를 만들어 주는 차이나옐로페이지라는 회사를 처음으로 창업했다. 여기서 작은 성공을 거둔 후 그는 1999년 중국 판 이베이로 볼 수 있는 알리바바를 설립했다. 알리바바는 중국 최대 전자 상거래 회사로 성장해 나스닥에 상장됐고 마윈은 중국 1위 부호가 됐다.

그와 야후 칭업자 제리 양과의 인연도 흥미롭다. 1997년 제리 양이 중국에 관광을 왔을 때 마윈이 그의 만리장성 가이드를 했기 때문이다. 이때 인연을 계기로 야후는 2005년 알리바바에 10억 달러의 거금을 투자했다.

세계경제포럼 &
액센추어 디지털 보고서

"산업구조를 4차 산업혁명 시대에 맞춰 변혁시키면 전 세계적으로 2025년까지 100조 달러약 11경 5,500조 원의 경제·사회적 부가가치를 창출할 수 있다."

2017년 다보스포럼 현장에서 공개된 〈디지털 변혁 계획DTI, Digital Transformation Initiative 보고서〉에 담긴 내용이다. 세계경제포럼은 글로벌 컨설팅 업체 액센추어와 함께 소비자, 자동차, 물류, 전력, 통신, 항공, 석유·가스, 미디어, 광업·금속, 화학 등 10개 산업 분야를 심층적으로 분석, 4차 산업혁명이 창출할 경제·사회적 효과를 도출했다. 이 보고서는 경제 효과를 산업 자체에 미칠 영향과 사회에 미칠 영향을 구분해서 추정했다. 이 같은 변혁이 일자리와 탄소 배출 감축에 어떤 영향을 줄 것인지에 대해서도 분석이 이뤄졌다.

산업별 디지털화에 따른 경제 · 사회적 효과

	2016~2025년 누적가치(10억 달러)		이산화탄소 배출 감소 (백만 톤)	일자리 증감 (1,000개)
	사회적 효과	산업적 효과		
소비자	5,439	4,877	223	-3,249
자동차	3,141	667	540	NA
물류	2,393	1,546	9,878	2,217
전력	1,741	1,360	15,849	3,158
통신	873	1,280	289	1,100
항공	705	405	250	-780
석유&가스	637	945	1,284	-57
미디어	274	1,037	-151	NA
광산	106	321	608	-330
화학	2	308	60	-670

자료: 세계경제포럼 디지털변혁계획보고서

가장 큰 효과를 미칠 것으로 예상되는 분야는 소비자 부문이다. 2016년부터 2025년까지 10년간 소비자 부문에서 10조 316억 달러의 부가가치가 창출될 것으로 분석됐다. 다음은 물류, 자동차, 전력 등의 순이다. 세계경제포럼은 4차 산업혁명 시대 도래와 함께 산업별로 물류 3조 9,390억 달러, 자동차산업 3조 8,080억 달러, 전력 3조 1,010억 달러 등의 경제·사회적 부가가치 창출 효과가 있을 것으로 전망했다.

세계경제포럼이 분석한 10개 산업에서 디지털 변혁이 성공적으로 추진될 때 창출될 수 있는 총 부가가치는 28조 570억 달러로 추정됐다. 세계경제포럼은 "10개 산업별 전망을 모든 산업 분야로 확대하고 외부 효과 등까지 감안하면 100조 달러 이상의 경제적 효과가 기대된다"고 밝혔다.

4차 산업혁명 시대 도래와 함께 일자리에도 큰 변화가 있을 것으로 전망했는데 그 충격이 가장 큰 분야는 소비자 부문으로 나타났다. 세계경제포럼은 2016~2025년에 전 세계적으로 소비자 부문에서 325만 개의 일자리가 순수하게 사라질 것이라고 분석했다. 항공과 화학 분야에서는 각각 78만 개, 67만 개의 일자리가 없어질 것으로 전망됐다.

반면 전력, 통신, 물류 분야에서는 일자리가 대폭 늘어날 것으로 조사됐다. 특히 전력 분야 일자리 창출이 가장 클 것으로 예상됐다. 전기차 보급 확대 등으로 전력 수요가 확대되면서 316만 개의 일자리가 순수하게 늘어날 전망이다. 물류 부문에서도 222만 개의 일자리가 늘어나고 통신 분야에서는 110만 개의 일자리가 증가할 것으로 나타났다.

그렇다면 글로벌 디지털화를 이끄는 가장 핵심적인 기술은 무엇일까? 세계경제포럼과 액센추어는 7가지 기술을 꼽았는데 AI, 자율주행차, 빅데이터와 클라우드, 3D 프린터로 대표되는 맞춤형 제조Customized Manufacturing, 사물인터넷, 로봇과 드론, 소셜 미디어와 플랫폼이 뽑혔다. 반면 블록체인 등은 아직 실용화 수준이 높지 않다는 점에서 7가지 핵심기술에 들어가지 못했다.

세계경제포럼은 디지털 소비Digital Consumption와 관련해 크게 세 가지 영역에서 디지털 소비자의 마음을 사로잡기 위한 기업들의 경

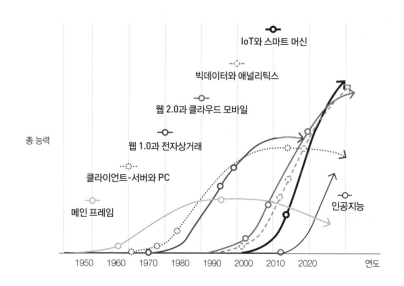

자료: 세계경제포럼 디지털변혁계획보고서

쟁이 벌어질 것으로 예상했다.

첫 번째는 상품과 서비스에 대한 디지털 경험이다. 이제 소비자들은 기업이 단지 상품과 서비스를 제공해 주는 것에 만족하는 것이 아니라 높은 수준의 경험을 원한다.

두 번째는 초개인화Hyper Personalization다. 여기에는 두 가지 방식이 있는데 전자는 소비자에게 상품을 스스로 개인화할 수 있는 권한을 주는 것이다. 스포츠 용품 회사 나이키가 직접 신발을 개인화해 살 수 있도록 한 것이 대표적이다. 후자는 소비자 데이터를 분석해 소비자들이 원하는 맞춤 서비스를 제공하는 것이다.

세 번째는 소유가 아닌 접속Ownership to Access이다. 공유 경제 발달로 차량을 구매하기보다는 우버를 이용하고, 호텔에 묵기보다는 에어비앤비에서 숙박하는 것이 대표적이다. 이는 기존의 많은 기업들에게 큰 영향을 미칠 것이다.

그리고 보고서는 디지털 기업으로 변신하려면 네 가지 요건을 갖춰야 한다고 봤다. 첫 번째는 디지털 비즈니스 모델이다. 기존 비즈니스 모델을 처음부터 다시 검토해야 한다. 두 번째는 디지털 운영 방식이다. 공장을 비롯해 생산 방식을 디지털로 바꾼 GE제너럴일렉트릭가 디지털 기업이 된 대표적인 회사다. 세 번째는 디지털 인재다. 인력을 자동화와 로봇으로 대체할 수 있게 되면서 인재들의 창의성이 더 중요해졌고 이들을 수용하기 위해서는 기업들도 조직문화를 바꿔야한다. 네 번째는 디지털 성과 평가다. 과거의 전통적인 성과 평가 대신 디지털 시대에 맞는 측정을 해야 기업들의 효율성이 더 높아진다는 설명이다.

카를로스 곤 닛산 회장이 본
자율주행차 미래

　기업은 물론 일반 소비자, 일자리에까지 가장 큰 변화를 가져올 4차 산업혁명 기술은 무엇일까? 자율주행차Autonomous Car가 될 가능성이 가장 높다는 게 다보스포럼 참석자들의 진단이었다. 자율주행차는 운전자가 타고 있어도 자동차가 스스로 운전해 목적지까지 간다는 점에서 운전자 없이 스스로 움직이는 무인차Driverless Car와는 구분된다. 하지만 운전자가 차에서 내리면 이 자율주행차는 무인차가 돼 우버와 같은 공유 차량이 된다. 이것만으로도 우리 생활은 혁명적으로 변화할 수 있다.

　'자율주행 시대로의 전환Shifting Gears to Driverless' 세션은 자동차 산업뿐만 아니라 윤리 및 규제 차원까지 어떤 변화가 찾아올 수 있는지를 토론하는 자리였다. 패널들은 이구동성으로 자율주행차 시대는 먼 미래의 일이 아니라 곧 찾아올 예정된 미래라는 점을 강조했다.

카를로스 곤 르노닛산 얼라이언스 회장이 2017년 다보스포럼에 참석해 자율주행차는 이르면 2021년께 대량생산이 가능할 것이라고 밝혔다.

ⓒ 블룸버그

    카를로스 곤Carrlos Ghosn 르노닛산 얼라이언스 회장은 "자율주행차 도입은 자동차가 수송·교통수단에서 모바일 기기로 바뀌는 계기가 될 것"이라고 설명했다. 이는 우리가 가지고 다니는 휴대폰과 같은 기능을 자동차가 하게 될 것이라는 의미다. 자율주행차를 타면 운전을 하지 않아도 되므로 그 안에서 영화 및 게임을 즐기거나 화상회의를 할 수도 있게 된다.

    곤 회장은 "고속도로에서 2018년에 자율주행이 가능해지고 도시에서는 2020년께 가능해질 것"이라며 "2021~2022년쯤 대량 생산이 가능할 것으로 예상된다"고 말했다.

    이렇게 자율주행차가 보편화되면 오히려 자동차 사고가 줄어들면서 사람들의 편의가 획기적으로 개선될 것이라는 진단이다. 자율주행차의 주역인 IT 산업을 대표해 폴 제이컵스 퀄컴 CEO 겸 회장은 "5G가 도입되면 자율주행차 반응 속도가 더 단축된다"며 "효율적인 도시 인프라 구축에 큰 수혜가 예상되고 교통사고 사상자도 크게 줄어들 것"이라고 자신했다.

그러면서 제이컵스Paul E. Jacobs 회장은 "자동차끼리 서로 소통하고 네트워킹하는 상황이 생각보다 빨리 올 것"이라고 덧붙였다. 곤 회장은 "도로 사고 중 90%는 인간의 잘못으로 생긴다"며 "사람이 운전하지 않는 자율주행차가 훨씬 안전하다"고 강조했다.

자율주행차 시대 도래에 따른 고민거리도 있다. 첫째는 윤리 문제이고 둘째는 규제 이슈다. 만약 자동차에 탑승해 있는 승객을 구하기 위해 다른 보행자를 죽여야 하는 상황이 발생할 때 자율주행차의 AI는 어떤 선택을 해야 할까? 이는 운전자가 결정할 수 없는 문제다. 사람이 의사결정을 내릴 수 없는 아주 짧은 순간에 AI가 판단을 내려야 하기 때문이다. 결국 자동차는 사람이 입력해 놓은 원칙을 따르게 된다.

헤이스팅스센터의 수석고문인 웬델 월라치Wendell Wallach 박사는 "윤리 연구에 따르면 사망자에 본인운전자이 포함되더라도 가장 적은 수의 사람을 죽도록 하는 것이 옳다"면서도 "그런데 그렇게 되면 아무도 그 차를 사지 않을 것"이라고 지적했다. 규제 당국 입장에서도 자율주행차는 골칫거리다.

일단 자율주행차의 윤리적 원칙은 결국 정부가 결정해야 할 가능성이 높다. 법과 규제라는 형식을 통해 윤리를 의무화시키는 것이다. 자동차 회사들도 결국은 스스로 결정하기보다는 정부가 결정해 주기를 기대할 수밖에 없다.

곤 회장은 "자동차를 보면 유럽은 50%가 디젤차인데 반해 일본에서는 디젤이 0%"라며 "이 같은 현격한 차이는 인센티브와 규제에 의해 정해진 것"이라며 규제가 시장에 미치는 막대한 영향을 설명했다.

자율주행차 등장으로 가장 부정적인 영향을 받는 것은 기존 일자리다. 웰라치 박사는 "뉴욕 주에서는 우버 운전자들이 자율주행차에 의해 자신들이 대체되는 것을 두려워하고 있다"며 "트럭 운전사들은 가까운 시일 내에 대체될 가능성이 높다"고 설명했다. 이처럼 일자리가 사라지면 이는 경제적 불평등과 사회 불안정으로 이어질 수 있다.

女帝 IBM 지니 로메티의
인사이트

2017년 다보스포럼 '지니 로메티의 인사이트' 세션은 지니 로메티Ginni Rometty IBM 회장과 파리드 자카리아Fareed Zakaria CNN 진행자 간 대담 형식으로 진행됐다. 2016년에 이어 2017년 다보스포럼에서도 4차 산업혁명은 핵심 주제였다. 4차 산업혁명을 얘기할 때 기술적인 측면보다는 인간이 어떻게 AI를 지배할 수 있을 것인가에 초점이 맞춰졌다.

세계적인 IT 기업인 IBM의 지니 로메티 회장도 자사의 왓슨이라는 로봇을 설명하면서 '휴머니즘'을 강조했다. 로메티 회장은 "AI는 인간의 능력을 확대시켜 주는 방향으로 이용돼야 한다"고 강조했다. 로메티 회장은 또 "AI가 만들어지고 이용되는 방식은 모든 사람이 알 수 있도록 투명하게 진행돼야 한다"고 주장했다. AI의 무분별한 사용으로 인간이 해를 입는 경우를 최대한 방지하자는 취지다.

지니 로메티 IBM 회장이 2017년 다보스포럼에 참석해 4차 산업혁명 시대에 등장하는 새로운 직종인 '뉴 칼라' 시대 도래를 주목하라고 강조했다.
© 블룸버그

그만큼 AI는 인간 생활을 발전시킬 수도 있고 억압할 수도 있는 양 날의 칼이 되고 있다. 다음은 일문일답 내용이다.

» **파리드 자카리아** 4차 산업혁명의 세 가지 혁신적인 기술이 무엇이고 이들이 미치는 영향은 무엇인가?

» **지니 로메티** 세 가지 혁신적인 기술은 동시다발성이라는 특성을 갖고 있는 클라우드 컴퓨팅 기술 부상, 급속히 증가하는 데이터 관리, 보안 및 프라이버시와 관련한 이동성 등 세 가지다. 앞으로 이 세 가지를 이해하지 못하면 발전하기 힘들다. AI는 이 영역에서 독보

적이다.

체스 챔피언을 이겼던 딥블루 이후 우리는 구조화되지 못한 데이터도 관리할 수 있는 시스템을 만들었다. 미국 퀴즈쇼에서 IBM 컴퓨터가 우승한 것은 매우 역사적인 사건이었다. IBM은 로봇이 단순히 데이터를 찾는 것뿐만 아니라 콘텐츠를 잘 이해할 수 있다는 것을 보여 줬다.

IBM의 왓슨은 인간과 컴퓨터 간 새로운 관계 구축을 가능케 하는 인지 시스템이다. 우리는 많은 교과서, 잡지, 신문 등에서 얻은 정보를 입력시켰고 왓슨을 세계에서 가장 좋은 암센터에서 교육을 시켰다. 또 사람처럼 지능을 향상시켜 주는 기술도 집어넣었다. 2017년 말까지 왓슨은 전체 암의 80% 정도에 대한 원인을 정확히 밝혀낼 것으로 기대하고 있다.

» 파리드 자카리아 로봇은 어떻게 교육시키나?

» 지니 로메티 먼저 언어를 교육시킨다. 모든 직업은 고유의 언어를 갖고 있다. 의료 분야에서 왓슨을 활용하기 위해 의학과 관련된 언어를 가르쳐야 한다. 다음으로 수천 시간의 교육을 통해 각종 자료를 입력한다. 전자의무기록EMR, 방사선 촬영 사진과 결과물을 진단하게 만들고 그 결과가 옳은지 그른지를 판단해 개선함으로써 정확도를 높인다. 이 과정을 마스터하면 환자를 진단하고 처방할 수 있는 상태에 도달한다.

인도의 경우 한 의사당 1,600명의 암 환자가 배정돼 있다. 선진국인 미국의 경우에도 15% 정도의 환자만이 암센터에서 치료를 받고 있다. 나머지 85%는 지역 병원에서 치료받고 있을 뿐이다. 우리들은 새롭게 개발한 시스템을 여러 지역에 확산시킬 것이다. 이는 인류의 건강과 관련해 진정으로 중요한 문제다.

» 파리드 자카리아 왓슨 개발로 의사들의 저항을 받은 적은 없나?

» 지니 로메티 없다. 처음부터 의사들은 우리 시스템이 많은 도움을 줄 수 있을 것으로 기대했다. 초기에 노스캐롤라이나대에서 왓슨을 활용해 종양을 진단하도록 했다. 이후 꾸준히 진단 능력을 쌓으면서 이제는 의사들이 하는 것과 비교해 100%에 가까운 비슷한 결과를 내놓고 있다. 사실 30% 정도는 왓슨이 실제 의사들보다 더 정확하게 진단을 했고 이중 30%는 생사를 가를 정도로 중요한 것이었다. 왓슨에 대한 교육은 어린아이를 가르치고 교훈을 주는 과정과 비슷하다. 의료 외에 일기예보 분야에서는 왓슨이 더 정확한 예보를 할 수 있다.

» 파리드 자카리아 소비자 관점에서 물어보겠다. 앞으로 소비자 소비 패턴을 통해 미래 소비를 예측하고 과거 패턴을 통해 선거에서 누굴 찍을지에 대한 예측도 가능해졌다. 컴퓨터가 이런 것까지 다 한다는 게 좀 무섭지 않은가?

» 지니 로메티 그렇다. 프라이버시 정보를 이용한다는 논란은 있지만

왓슨을 비즈니스에 이용할 수도 있다. 선택은 우리의 몫이다. 내비게이션 시스템을 이용하기 위해서는 나의 위치 정보를 노출시켜야 한다. AI를 이용할 때는 거의 매번 이런 문제가 발생할 것이다. 우리는 선택을 잘 해야 한다. 영화나 음악 등 기타 산업에서도 유사한 선택은 계속 일어날 것이다.

» **파리드 자카리아** 컴퓨터가 모든 것을 하게 되면 사람은 뭘 하나?

» **지니 로메티** 컴퓨터 시스템은 재생산을 할 수 없는 반면 사람은 재생산을 할 수 있다. 과거 많은 기술들이 도입됐지만 그 기술을 올바른 방식으로 도입하는 것은 인간의 몫이다. 우리는 AI를 어떻게 이용할 것인지에 대한 가이드라인을 만들어야 한다.

　AI 기술의 목적에 대해서도 분명히 할 필요가 있다. 그 목적은 인류를 위해 서비스하는 것이다. 왓슨을 포함한 AI 기술은 인간의 능력을 확장시키기 위해 만들어졌다. 또 다른 AI 활용 원칙은 투명성이다. AI를 어떻게 훈련시키고 어떻게 활용할지에 대해 모든 사람에게 공개하고 투명한 절차를 거쳐 이용해야 한다. 또 누가 AI를 훈련시키고 이 훈련에 어떤 데이터가 활용되고 있는지에 대해서도 모두가 알 수 있도록 해야 한다.

"자율주행차가 미래의 컴퓨팅 플랫폼이 될 것"

장야친
바이두 미래사업 담당 총재

중국 최대 인터넷 기업 '바이두百度'를 상징하는 이미지는 '곰발바닥'이다. 검색을 할 때마다 뜨는 곰발바닥에서 '굼뜨고 느리다'는 이미지가 연상된다. 그러나 이는 착각이다.

바이두는 거대 기업이지만 혁신에서는 세계 최고 속도로 달리고 있다. 마치 공룡이 올림픽에서 100m 달리기를 하고 있다는 느낌이다. 이런 혁신은 마이크로소프트 엔지니어 출신인 천재 공학자 장야친張亞勤 바이두 미래사업 담당 총재가 주도하고 있다. 장 총재는 인터뷰에서 "우리 핵심 사업이 신제품, 신기술로 갑자기 붕괴될 수 있다"며 "바이두 임직원들은 파산이 30일밖에 남지 않았다는 자세로 일하고 있다"고 말했다.

바이두의 시작은 미미했다. 앞선 글로벌 기업을 따라 하는 '카피캣'이라는 소리를 들을 정도였다. 그러나 바이두는 이제 '중국의 구글'이 아니라 '세계를 지배할 플랫폼' 회사를 꿈꿀 정도로 덩치가 커졌다. 〈MIT테크놀로지리뷰〉가 2016년 선정한 세계 스마트 기업 순위에서 세계 2위에 오르는 기염을 토하기도 했다. 1위는 아마존이다. 바이두는 한때 '구글의 짝퉁'이라는 오명을 쓰기도 했지만 같은 평가에서 구글 모회사 알파벳은 8위에 그쳤다. 이느덧 구글보다 더 똑똑한 기업이 된 셈이다.

　바이두의 미래 사업을 총괄하고 있는 장 총재는 인터뷰의 절반 이상을 자율주행차에 대해 이야기하는 데 할애했다. 바이두가 어떤 방향으로 변신을 지향하고 있는지가 그대로 묻어났다. 장 총재는 스마트폰 다음으로 혁명을 일으킬 플랫폼으로 자율주행차를 꼽았다. 장 총재는 "자율주행차가 미래 컴퓨팅 플랫폼이 될 것이다"라며 "자동차인터넷IoV, Internet of Vehicles 시대의 도래를 주목하라"고 강조했다.

» 4차 산업혁명 시대에 바이두가 다른 경쟁 기업과 차별화되는 요소는 무엇인가?

　바이두는 첨단 기술 분야에서 글로벌 리더 위치를 차지하고 있다. 특히 AI 분야를 선도하고 있다. 바이두는 중국 최대 검색엔진으로 수십억 개의 웹페이지와 수백억 개의 이미지, 음성, 위치 데이터를 기반으로 리서치를 하고 있다. 바이두는 기술 기업으로 R&D 능력은 우리에게 혈액과 같다.

미국 캘리포니아에서 시험 운행 중인 바이두 자율주행차.   ⓒ 바이두리서치

» 자율주행차에 대규모 투자를 하는 이유는 무엇인가?

바이두는 자동차가 컴퓨팅 플랫폼이 될 것이라고 믿는다. 중국에
서는 자율주행차 분야 발전과 혁신이 가파르게 진행 중이다. 최고
의 선명도를 자랑하는 지도 기술과 빅데이터는 바이두가 가진 최
고 무기다. 바이두는 200대 이상의 차량을 이용해 중국을 샅샅이
다니면서 지도의 정확성을 끌어올렸다. 바이두 지도는 중국의 1만
㎞ 이상 도로에 대해 HD급 데이터 정보의 집합체다. 2017년 말까
지 30만 ㎞ 이상의 도로 데이터를 확보할 것이다. 중국의 고속도로

를 모두 커버하게 되는 셈이다.

» 자율주행차 기술을 놓고 전 세계적으로 경쟁이 치열하다. 개발 목표와 지향
점은 무엇인가?

바이두의 목표는 2018년까지 상업용 자율주행차를 소량 생산하
는 것이고 2021년에는 대량 생산에 들어가는 것이다. 전 세계 자동
차 제조 기업, 연구기관, 부품업체 등과 협력 중이다. 이들과 협력
하며 바이두의 AI 기술과 지도 기술을 최대한 활용해 자율주행차
생태계를 만들 것이다. 자율주행차는 도로 안전을 향상시키고 교
통비를 낮출 것이다.

2015년 12월 바이두는 베이징의 다양한 도로 환경에서 시속 100㎞
까지 내는 첫 완전 자율주행차 테스트를 마쳤다. 2016년 10월에는 캘
리포니아 주 허가를 받아 도로 환경 테스트를 마쳤다. 최근에는 베
이징자동차BAIC와 공동으로 자동차와 자동차가 연결되는 '자동차
인터넷' 시대를 만들어나가겠다고 발표했다.

» 자율주행차에서 바이두의 경쟁 우위는 무엇인가?

바이두는 AI 기술에 장기 투자를 해 왔다. 그 결과 인식·인지 기
술 측면에서 세계 최고 수준이 됐다. 자율주행용 인식 기술 정확도
는 세계 최고 수준인 92.65%를 기록했다. 음성 인식 기술 정확도는
97%를 넘어 인간 수준을 넘어섰다. 교통 신호, 차선, 이정표 등 교

통 연계 이미지 인식률은 95%에 달한다.

» 바이두는 인터넷 검색에서 시작해 O2O 서비스로 영역을 넓히고 있다. 구체적으로 어떤 분야에 주목하고 있나?

중국 내 중산층이 급격히 늘어나며 구매력이 커지고 있다. 소비자들이 점점 더 복잡다기해짐에 따라 좀 더 우수하고 신속하며 스마트한 서비스와 상품을 요구하고 있다. 중국 당국 통계에 따르면 중국 서비스 산업은 2016년 1~3분기에 중국 전체 경제에서 58.5%를 차지했다. 이 기간 중 소비가 중국 경제성장에서 차지하는 비중은 71%에 달했다. 중국 경제가 서비스 기반 경제로 탈바꿈하고 있는 셈이다. 이 점이 바로 바이두에 최대 기회 요인이다. AI 기술을 최대한 활용, 바이두 누오미소셜 커머스, 바이두 모바일, 바이두 지도 등을 기능적으로 결합해 보다 정확한 위치 기반 서비스를 제공하는 서비스 생태계를 구축했다.

» 아마존에 비교되는 '바이두 누오미'는 어떤 형태로 진화할까?

누오미는 바이두 검색엔진, 지도 서비스와 연계한 서비스 생태계의 핵심이다. 누오미는 부유층 맞춤형, 지역 맞춤형 서비스를 통해 바이두 모바일 검색이 O2O의 관문이 되도록 하고 있다. 최고의 상거래 기업과 사람들에게 누오미가 최고의 놀이터가 되도록 노력하고 있다. 이렇게 노력하고 있기 때문에 상인들은 누오미에서 상품을 쏟아내고 있고 고객관계관리CRM 시스템을 누오미 안에서 구축하게 된다. 2016년 9월 현재 220만 개 상거래 기업이 이 플랫폼에서 활동 중이다. 1년 전에 비해 3배 늘어난 것이다.

» 가장 유망한 기술은 무엇이라고 보나?

AI는 거의 모든 산업 분야를 영원무궁하게 변화시킬 것이다. 바이두는 AI에 수년 이상 투자를 해 왔다. '바이두 브레인 AI 인프라 스트럭처'는 통역, 음성 인식, 이미지 인식 등 모든 바이두 제품 라인을 지원한다.

» 자율주행차 외에 주목하는 산업 분야가 있다면?

AI를 응용할 수 있는 산업이다. 금융, 교육, 헬스케어, 관광, 교통 등 전통적인 산업을 AI가 혁신적으로 변화시킬 것이다. 교육 분야 대출 사업에서는 이미 성과를 내고 있다. 2016년 3분기 현재 바이두는 1,300개 교육기관과 교육 분야 대출 사업을 위해 협력하고 있다. 이들의 관련 시장 점유율은 50%를 넘는다. 이와 별도로 현재까지 600여 개 교육기관과 IT, 외국어, 특성화 교육 사업을 함께 해왔다. 2016년 3분기 말 기준 모바일 결제 서비스 '바이두 전자지갑 Baidu Wallet Accounts'을 쓰고 있는 사람은 전 분기 대비 1,000만 명 늘어난 9,000만 명이다. '누오미'와 '테이크아웃 딜리버리' 고객 중 60%와 40%는 '바이두 전자지갑'으로 결제한다.

바이두와 네이버 현황 비교

	바이두	네이버
창립	2000년	1998년
시가총액	71조 6,450억 원	26조 3,700억 원
매출	10조 7,213억 원	3조 2,512억 원
영업이익	1조 9,608억 원	7,622억 원

* 매출, 영업이익은 2015년 연간 기준, 시가총액은 2017년 2월 기준.

›› 중국 외 국가에서 사업은 어떻게 진행하고 있나?

바이두 서비스는 전 세계 200개 국가에서 16억 명이 사용하고 있다. 매달 적극적으로 바이두를 쓰고 있는 사용자도 3억 명에 달한다. 현재 미국, 일본, 브라질, 인도네시아, 인도, 태국, 이집트 등에 진출해 있다. 바이두는 해외에 진출할 때 해당 시장 기업과 전략적 파트너십을 체결하는 것을 선호한다. 브라질 시장에는 O2O 서비스를 하는 현지 업체를 인수해 진출했다.

장야친 바이두 미래사업 담당 총재는 누구?

장야친 총재는 바이두의 A부터 Z까지 바꿔 나가고 있는 미래사업 담당 총재다. 마이크로소프트 아시아태평양 지역 R&D를 총괄하던 2014년 9월, 리옌훙 바이두 회장이 삼고초려 끝에 총재로 영입했다. 리 회장이 바이두의 전반적인 사업을 총괄한다면 장 총재는 글로벌 사업과 신사업을 총괄하고 있다. 장 총재는 마이크로소프트차이나 대표를 역임했고, 마이크로소프트아시아연구소 공동 창업자이기도 하다.

장 총재는 12세에 중국과학기술대에 입학한 수재다. 23세에 미국 조지워싱턴대에서 전기공학 박사 학위를 받았다. 1997년 불과 31세 나이에 국제전기전자공학학회 100년 역사상 최연소 펠로Fellow로 선정돼 세상을 깜짝 놀라게 했다. 60개 이상의 미국 특허를 보유하고 있으며 500편 이상의 논문을 썼다. 중국 최고 정책자문 기구인 전국인민정치협상회의에서도 활동했다.

비공식 행사의 세계…
리더들은 이렇게 만난다

2017년 1월 18일 오전 7시. 다보스에 있는 모로사니 슈바이처호프Morosani Schweizerhof 호텔 그랜드홀에 400여 명의 전 세계 리더들이 모였다. 이날 행사는 다보스포럼 주최 측인 세계경제포럼과는 무관한 행사다. 이날 많은 사람들이 모인 것은 맥킨지앤드컴퍼니가 '인공지능의 미래'라는 주제로 별도 조찬 행사를 개최했기 때문이다. 연사로 나온 인물들의 면면들도 관심을 끌기에 충분했다.

사티아 나델라 마이크로소프트 CEO, 무스타파 슐레이맨 딥마인드 공동 창업자 겸 인공지능 응용 부문 대표, 데이비드 케니 IBM 왓슨 & 클라우드 플랫폼 수석 부사장 등이 연사로 나섰다. 최근 가장 뜨거운 테마인 4차 산업혁명의 핵심, AI를 놓고 이들이 벌인 열띤 토론은 다보스포럼 공식 세션 이상으로 인기를 끌었다.

다보스포럼 기간 중에는 금융, 산업 등 분야를 막론하지 않고 포럼 참석자들을 대상으로 쟁쟁한 비공식 행사들이 숱하게 열린다. 2017년 비공식 행사 상당수는 4차 산업혁명과 관련된 것들이었다. 페이스북은 별도 건물까지 짓고 미래 기술에 대해 소규모 비공개 행사를 개최했다. 이 행사는 모두 VR가상현실 기기를 이용해서 진행됐다. 셰릴 샌드버그 페이스북 최고운영책임자가 직접 나서 참석자들과 소통했다.

물류 회사인 UPS와 IT 회사인 SAP는 4차 산업혁명을 주제로 AI, 머신 러닝, 3D 프린팅, 로봇 기술, 드론 등 다양한 주제를 놓고 비공식 조찬 행사를 공동으로 개최했다. 전략 컨설팅 회사 BCG보스턴컨설팅그룹와 액센추어는 '혁신과 성장의 핵심 동력, 인공지능'이라는 주제로 조찬 행사를 열었다.

중국 매체 〈차이신財新〉은 '일대일로一帶一路 청사진'을 주제로 별도 행사를 열었다. 이날 행사에는 스티브 슈워츠먼 블랙스톤 회장, 래리 서머스 전 미국 재무부 장관 등이 참석해 눈길을 끌었다. 글로벌 금융기관 HSBC는 이틀에 걸쳐 비공식 행사를 개최했다.

유럽의 각 국가들은 물론 아시아 주요국, 중남미 주요국들도 국가별 행사를 개최했다. 국가 정상이 참석한 나라는 이 행사에서 국가 IR 활동을 벌이게 된다. UN 산하 FAO국제식량기구 등 각종 국제기구는 인도적 차원의 주제를 내걸고 별도 행사를 연다.

눈사태를 전문적으로 연구하는 한 연구소는 지구 온난화에 따른 북극의 위기를 주제로 행사를 열었다. 이 행사에는 앨 고어 전 미국 부통령이 참가해 주목을 끌었다. 세계 최대 맥주 회사인 앤하이저부시 인베브AB 인베브는 '물의 위기'를 주제로 콘퍼런스를 개최하면서 스텔라 맥주를 간접 마케팅하는 행사를 열었다. 인시아드 등 유명 MBA 스쿨, PwC프라이스워터하우스쿠퍼스와 같은 유명 회계·컨설팅 법인은 다보스포럼 기간 중 매년 보고서를 발표하고, 전 세계 미디어를 상대로 기자회견까지 개최한다. 이런 행사들은 어느 정도 공개가 된 비공식 행사다.

하지만 그야말로 소규모 프라이빗 행사는 별도로 열린다. 다보스포럼 참석 수준은 3단계로 구분할 수 있다. 1단계는 등록을 하고 세션을 듣는, 그야말로 수동적인 레벨이다. 2단계는 세션보다는 업계 모임 등에 초청을 받아 참석해 외연을 넓히는 레벨이다. 세계 주요 대학 총장들이 비공식적인 사교 모임을 여는 것이 대표적이다. 3단계는 관련 업계 모임을 결성하고 모임을 개최하는 능동적인 레벨이다.

'영향가'는 단계가 높아질수록 커진다. 이처럼 비공식 모임이 많기 때문에 공식 초청자가 아닌 사람들까지 다보스를 찾고 있다.

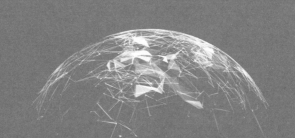

Responsive and Responsible Leadership

4IR시대 생존 리더십

4IR은 뉴 칼라 시대

화이트 · 블루칼라 외에 '뉴 칼라' 계급 생긴다

2017년 다보스포럼이 열린 다보스 콩그레스센터에는 '갤러리'라는 특별한 공간이 하나 마련됐다. 20여 명만 들어가면 꽉 찰 만큼 아주 작은 공간이다. 당대 최고 화가의 예술 작품이 있는 곳은 아니다. 하지만 갤러리에 입장하기 위해 전 세계를 움직이는 파워 엘리트들이 줄을 서서 기다렸다.

이 갤러리 이름은 '4IR HUB'. 마치 암호 같다. 얼핏 보면 숫자 41에 알파벳 R이 붙어 있는 것처럼 보이기도 한다. 4IR이 '4차 산업혁명'을 의미하는 'The 4th Industrial Revolution'의 줄임말이라는 것을 알면 최신 기술 트렌드를 접하기 위해 줄을 선 포럼 참석자들이 이해가 된다. '갤러리'뿐만 아니다. 포럼 장 안팎에서 4IR 간판이

4차 산업혁명 시대 새로운 근로자 '뉴 칼라'

	블루칼라	화이트칼라	뉴 칼라
정의	육체 노동자	사무직 근로자	AI 시대 근로자
필요 학력	의무교육 이수자	대졸 이상	학력 무관, 실무 능력
시대 구분	1~2차 산업혁명 시대	2~3차 산업혁명 시대	4차 산업혁명 시대

내걸린 곳마다 전 세계에서 온 리더들이 모여들었다.

지니 로메티 IBM 회장은 "인도에는 암 환자 1,600명당 의사가 1명뿐이어서 환자를 다 볼 수 없다"며 "이런 부분에 인공지능이 필요한 것"이라고 말했다. 로메티 회장은 "인공지능의 목적은 인간이 할 수 있는 일을 극대화하고 인간에게 도움이 되는 방향으로 발전시키는 것"이라고 강조했다. 그러면서 로메티 회장은 이런 방향성이 있어야 신뢰를 구축할 수 있다고 덧붙였다.

로메티 회장은 "살아남을 기술이 항상 고고한 수준의 기술만은 아닐 것"이라며 "학사 학위를 가지지 않은 사람이라도 인공지능 시대에 참여할 수 있기 때문에 블루칼라도 화이트칼라도 아닌 '뉴 칼라New Collar, 학력에 관계없이 4차 산업혁명 시대에 적응하는 근로자' 계급이 생겨날 것"이라고 말했다.

로메티 회장은 "4차 산업혁명 시대는 이전보다 단순히 발전된 단계가 아니라 완전히 새로운 시대의 개막"이라며 "미국을 비롯해 세계 각국과 4년 고교 과정을 6년으로 늘려 인공지능 경제에 알맞은 기술과 지식을 배우는 커리큘럼을 구축할 필요가 있다"고 강조했다.

멕 휘트먼 HP엔터프라이즈 CEO가 2017년 다보스포럼 세션에 참석해 4차 산업혁명이 가져올 변화에 대해 설명하고 있다.
ⓒ 블룸버그

　지니 로메티 IBM 회장에 이어 멕 휘트먼Mag Whitman HP엔터프라이즈 CEO는 "뉴 칼라의 출현을 인정하고 시대 변화를 직시해야 한다"고 포럼 현장에서 강조했다. 휘트먼 CEO는 "박사 학위가 없어도 핵심 분야에서 일하고 있는 인재가 늘어나고 있다. 4차 산업혁명 시대에는 더욱 그럴 것"이라며 "기술 발전으로 고학력·숙련 기술자만 살아남을 수 있다는 기존 생각이 바뀌고 있다"고 강조했다. 그러면서 휘트먼 CEO는 "리더에게 중요한 것은 (학력과 무관하게) 엄청난 잠재력을 가진 이들이 야망을 펼치고 꿈을 실현할 수 있도록 도와주는 것"이라고 덧붙였다.

4차 산업혁명 시대 대체 확률이 높은 상·하위 5개 직업

사라질 직업	대체율(%)	존속할 직업	대체율(%)
전화상담원	99	상담치료사	0.31
스포츠 심판	98	사회복지사	0.35
은행 창구 직원	98	외과의사	0.42
부동산 중개인	97	초등학교 교사	0.44
택배기사	94	성직자	0.81

자료: 옥스퍼드대 마틴스쿨

2017년 세계경제포럼 공동의장을 맡은 휘트먼 CEO는 "(4차 산업혁명이라는) 혁신은 이미 시작됐고 우리는 절대 과거로 돌아갈 수 없다"며 "시진핑 중국 국가주석이 말했듯 글로벌 경제라는 큰 바다에서 벗어날 수 있는 길은 없기 때문에 그 안에서 수영하는 법을 배워야 한다"고 강조했다. 휘트먼 CEO는 "인공지능, 3D 프린팅 등 기술은 오로지 발전할 뿐"이라며 "스스로가 변화의 주인공이 되도록 노력해야 한다"고 주문했다.

4IR 시대 리더십

2017년 다보스포럼 화두 '소통과 책임 리더십'

"수직적인 의사결정 구조는 4차 산업혁명 시대에 맞지 않는다. 개별 분야에서 발전이 아니라 광범위한 협업이 성공의 필수 요소가 됐다. 수평적인 시각에서 시스템 전체를 볼 수 있는 '시스템 리더십'이 핵심어가 될 것이다."

클라우스 슈밥 세계경제포럼 회장의 말이다. 2016년 '4차 산업혁명'을 화두로 내세웠던 세계경제포럼이 2017년 화두로 '소통과 책임 리더십Responsive and Responsible Leadership'을 꺼내들었다.

세계경제포럼 측은 "세계 경제의 경착륙을 막고 4차 산업혁명 시대에 대응해 나가기 위해서는 포용을 바탕으로 한 무한 책임 리더십이 중요하다"며 "글로벌 차원에서 포용적 경제 발전, 공정한 성장에 대한 깊이 있는 논의가 필요하다"고 강조했다.

얼핏 보기에 2016년과 2017년 주제에 연결 고리가 없어 보인다. 하지만 세계경제포럼은 2017년에 리더십이라는 화두를 내세운 핵심 이유로 4차 산업혁명 가속화 현상을 꼽았다. 경제·사회적 발전을 이루지 못한 사회에서 좌절과 불만이 증가하고 있는데 4차 산업혁명이 진행됨에 따라 이런 상황이 더 심화될 것이기 때문에 이에 대응할 수 있는 리더십이 필요하다는 것이다.

이는 4차 산업혁명이 기술 간 융합을 가속화할 것이고 각종 시스템 간 경계를 허물 것이라는 전망에 기초하고 있다. 때문에 복잡성과 불확실성에 대응하기 위해 보다 기민하고 포용적·협력적 대응이 절실해졌다는 것이다.

세계경제포럼은 "번영과 안전을 뒷받침하는 시스템 관리 능력을 보강할 필요가 커졌다"고 설명했다. 세계경제포럼은 20세기형 협력 시스템이 이미 한계에 봉착했다고 평가했다. 현재 글로벌 질서를 유지하기 위해 활용되고 있는 규범, 정책, 기관들이 한계에 봉착했다는 것이다. 세계경제포럼은 "조금 더 포용적인 발전을 통해 이런 시스템을 재구성해야 할 필요성이 절실해졌다"고 밝혔다.

2020년에 필요해질 10대 능력

1. 복잡한 문제 해결 능력

2. 비판적 사고

3. 창조성

4. 인재 관리 능력

5. 타인과 협조 능력

6. 감성지능

7. 판단 및 의사결정 능력

8. 서비스 지향 능력

9. 협상력

10. 인식의 유연성

이런 리더십 논의는 경제 분야에만 국한된 것이 아니다. 혁신적 대안이 없는 상태에서 전 세계적으로 보호주의, 포퓰리즘, 민족주의가 기승을 부리고 있다. 때문에 기존에 사회를 지탱했던 시스템이 약화됐고 국가, 지역, 글로벌 차원의 신뢰가 깨지고 있다.

때문에 세계경제포럼이 리더십을 화두로 들고 나온 것은 미국 대선 이후 리더십 확립 문제, 브렉시트 이후 EU와 영국의 리더십 재설정 문제, 한국의 대통령 리더십 상실 문제 등 전 세계가 당면한 이슈를 관통하는 주제를 던졌다는 평가다.

세계경제포럼은 글로벌 경제 경착륙 가능성을 높이는 요소들이 만연해 있기 때문에 리더십 재정립이 필요하다고 지적했다. 슈밥 회장은 한국도 시스템 리더십을 확립해야 할 시점에 왔다고 강조한 바 있다. 시스템 리더십이란 수평적인 사고로 전체 시스템을 이해하고 창의력을 발휘해 조직을 이끌어 가는 리더십을 뜻한다. 복종을 강요하기보다 시스템적인 사고로 무장해야 한다는 의미다.

세계경제포럼은 앞으로 경쟁력 협력 또는 협력적 경쟁을 할 수 있는 플랫폼이 중요해질 것으로 전망했다. 슈밥 회장은 "4차 산업혁명 시대에는 개별적인 성장이 아니라 광범위한 협업이 성공의 필수 요소"라며 "시스템적으로 생각하고 플랫폼 차원에서 접근해야 한다"고 강조했다. 그리고 "폐쇄적인 칸막이 문화로는 4차 산업혁명에 제대로 대응할 수 없다"며 "더 이상 우물 안 개구리 식으로 생각해서는 안 된다"고 꼬집었다.

슈밥 회장은 한국 대기업에 대해 거대한 물고기가 아닌 작은 물고기 조합으로 네트워크화해 빠르고 기민하게 대응하는 것이 필요하다고 강조하기도 했다. 그리고 "유연한 자세로 협력하는 것이 개인에게도 중요한 역량이 될 것"이라고 말했다.

이런 상황을 극복하기 위해 세계경제포럼은 근본적 혁신을 다양한 분야에서 구체적으로 이뤄 나가는 것이 필요하다고 강조했다. 세계경제포럼은 앞으로 소비, 디지털 경제와 사회, 경제적 성장과 사회적 포용, 교육·성·노동, 에너지, 환경과 자원 보호, 금융과 금융 시스템, 식품 안전과 농업, 건강과 의료, 정부와 엔터테인먼트, 국제 무역과 투자, 장기 투자, 인프라 발전, 모빌리티, 제조업 등 14개 분야에서 시스템 리더십을 확충하고 플랫폼을 구축하는 방안에 대해 논의할 예정이라고 밝혔다. 또 국가 간 협력과 진정성 있는 다자간 대화가 더 활발히 이뤄지는 것이 중요하다고 봤다.

세계경제포럼은 "다극화된 세계가 도래했다는 것이 결정을 미루거나 행동에 나서지 않는 명분이 될 수 없다"며 "이런 다극화된 질서 때문에 오히려 전 세계 지도자들은 신뢰를 받기 위한 실제적 행동에 나서야 한다"고 강조했다.

클라우스 슈밥 세계경제포럼 회장 메시지

4차 산업혁명 시대에는 2017년 다보스포럼 주제처럼 책임을 회피하고 복지부동하는 리더십에서 벗어나 급변하는 주변과 소통하고 용기 있는 결정을 내린 뒤에 기꺼이 책임을 지는 소통과 책임의 리더십이 필요하다. 클라우스 슈밥 세계경제포럼 회장은 "우리가

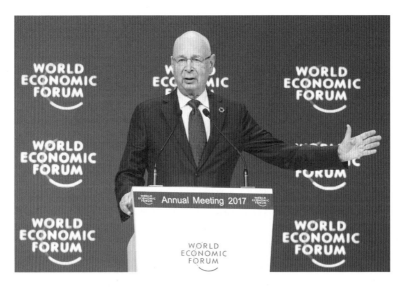

클라우스 슈밥 세계경제포럼 회장이 2017년 다보스포럼에서 강연하고 있다. © 세계경제포럼

살고 있는 세계는 불확실성, 변동성, 거대한 변화로 정의 내릴 수 있다"며 "전통적 개념의 리더십으로는 더 이상 빠르고 급변하는 사회에 적절히 대응할 수 없다"고 지적했다. 다음은 슈밥 회장 강연 내용이다.

　우리가 살고 있는 세계는 불확실성, 변동성, 큰 변화로 정의 내릴 수 있다. 이 같은 대변혁 속에 사람들은 위태로움을 느끼고 자신의 정체성을 찾기 위해 고군분투한다. 따라서 현 시대 리더들은 소통과 책임 리더십, 이 두 가지 모두를 갖고 있어야 한다.
　리더십은 책임을 다하는 것을 뜻하며 용기, 헌신, 경청의 자세, 사회문제들을 더 적극적으로 해결하기 위해 국민들에게 복잡한 문제를 솔직하게 설명할 줄 아는 소통 능력을 지칭하는 개념이라고 할 수 있다. 개인의 이익을 넘어 사회 전체를 위하는 마음가짐이 있어야만 사람들이 걱정하는 핵심 문제들을 잘 해결할 수 있는 리더십을 얻을 수 있다.

2017년에 우리 모두가 힘을 합쳐 집중해야 할 네 가지 주요 목표는 다음과 같이 정리할 수 있다. 첫째, 경제성장을 강화하는 것이다. 둘째, 더 포용적인 시장경제 시스템을 만들어야 한다. 셋째, 4차 산업혁명 시대에 완벽히 적응하는 법을 터득한다. 넷째, 국제 협력을 다시 활성화해야 한다.

리더들은 경제성장을 더 활성화해야 한다. 기존보다 더 강력하고 지속 가능성이 있는 성장을 통해 소득을 더 높이고 부의 공평한 분배를 통해 사회적 불평등·실업 문제특히 청년실업 문제를 해결해야 한다. 여러 세대를 아우를 수 있는 통화·금융 정책 조정을 통해 성장 프레임워크를 만들어야 한다. 경제성장을 위해 기업가 정신, 혁신, 연결성이 꼭 필요하다.

시장경제 체제 속에서는 언제나 승자와 패자가 생기지만 이로 인해 심각한 사회 공동체 결속의 해체를 겪지 않으려면 보다 더 포용적인 시장경제 체제 운용이 필요하다. 리더들은 공평한 사회에 대한 열망에 더 민첩하게 반응하고 대응해야 한다. 모두를 위한 번영, 물질적 그리고 비물질적 복지를 위해 힘써야 한다. 부패를 척결하고 기업 경영 및 지배 구조를 투명하게 만들고 사회 공헌을 장려해야 한다.

리더들은 4차 산업혁명이 가져올 급격한 변화에 훨씬 더 잘 대비해야 한다. 특히 노동시장과 관련, 기술혁신을 통해 누릴 수 있는 혜택·기회는 잡는 동시에 문제가 될 수 있는 이슈를 해결하는 능력을 갖춰야 한다. 기술 발전의 윤리적 측면도 간과해서는 안 된다. 사라질 가능성이 높은 일자리와 새로 생길 일자리에 대한 개념도 더 분명히 이해해야 한다. 그래야만 이에 적절히 대응할 수 있는 교육 시스템을 마련할 수 있기 때문이다.

우리는 서로 연결돼 있는 사회에 살고 있다. 모두가 상호 의존적이다. 이런 상황하에서는 보다 더 열린 공평한 세계화가 이뤄져야 한다. 핵 확산, 테러리즘, 자원 고갈 등의 문제를 나라들끼리 손잡고 함께 해결해 나가야 한다. 우리 모두가 한 글로벌 사회 일원이라는 점을 인지하고 서로에 대한 편견을 깨며 서로 다른 정체성을 받아들이고 이해해야 한다.

리더들은 기민하게 공식적·비공식적 협력을 할 수 있는 플랫폼을 만들어 21세기 정치, 경제, 사회, 기술적인 문제들과 관련한 협력에 나서야 한다. 이미 만들어진 간단한 해답이란 없다. 우리 모두는 작은 발걸음부터라도 실용적이고 미래지향적인 행동들을 실천해 나가야 한다. 핵심은 사회 통합이다. 이것이 리더들의 책임이다.

AI 시대 필요한 교육 개혁

메리 배라Marry Barra GM제너럴모터스 회장은 "유연성 측면에서 로봇과 달리 사람에게는 다른 일을 시킬 수 있다는 점에서 가장 유연한 것은 로봇이 아니라 사람"이라며 "일자리를 로봇이 완전히 대체한다는 것은 지나친 단순화라고 생각한다"고 말했다. 4차 산업혁명이 인간을 위협한다는 막연한 불안에 빠지기보다 이런 기술 발전이 지향하는 바가 무엇인가를 다시 생각해 보자는 얘기다.

4차 산업혁명을 앞당기기 위해 교육 개혁이 절실하다는 의견도 많이 나왔다. 배라 회장은 "4차 산업혁명 시대에 가장 중요한 것은 교육"이라고 강조했다. 그러면서 자율주행차 등장으로 과거에 운전을 할 수 없던 사람들이 자동차를 접하게 될 수 있게 된 점을 예로 들었다. 영역을 넘어선 변화의 파고를 넘어설 수 있도록 교육이 필요하다는 것이다. 배라 회장은 "자율주행차 시대를 맞아 GM은 GM 임직원뿐 아니라 사회 전체에 대한 교육도 생각하고 있다"고 말했다.

이토 조이치 MIT 미디어랩 소장은 "선진국들의 가장 큰 문제는 교육 시스템"이라며 "어떻게 공부하고 배우는지도 모르는 상태에서 수식만 가르치는 교육 시스템은 바뀌어야 한다"고 주장했다. 이토 소장은 "공식을 대입하는 공부는 인공지능에 맡겨도 된다"며 "컴퓨터가 할 수 없는 협력 과제나 프로젝트 교육을 더 강화해야 하고 학생 특성에 맞는 공부를 할 수 있도록 만들어 줘야 한다"고 조언했다.

비샬 시카Vishal Sikka 인포시스 CEO는 "기업가 정신은 마술이 아니며 실천이 중요하다"며 "혁신은 신비한 소수의 전유물이 아니며 교육을 통해 이뤄질 수 있다"고 강조했다.

다보스포럼이 주목한
제주도 그린 빅뱅

2017년 다보스포럼에 국내 정치인으로는 유일하게 원희룡 제주도지사가 초청을 받아 참석했다. 원 지사는 4차 산업혁명과 관련된 핵심 의제인 '모빌리티'와 관련된 세션에 패널로 참가해 제주도가 추구하는 '그린 빅뱅'을 설명했다.

원 지사는 "제주도는 상대적으로 작은 지역이기 때문에 기존 산업과 충돌 없이 새로운 실험을 할 수 있다"며 "제주도가 그린 빅뱅으로 4차 산업혁명을 이끌겠다"고 말했다. 제주도를 탄소 제로 섬으로 만들기 위한 계획인 제주 '그린 빅뱅'은 4차 산업혁명 시대에 에너지와 교통 분야에서 미래 혁신을 주도하기 위한 프로젝트다.

원 지사는 다보스포럼에서 4차 산업혁명 시대를 맞아 제주도를 친환경 에너지와 전기차·자율주행차 핵심 거점으로 탈바꿈시키겠다는 계획도 공개했다. 원 지사는 "제주 그린 빅뱅 계획은 신재생에

원희룡 제주도지사

너지 시대·4차 산업혁명 시대를 맞이해 에너지와 교통 양면의 미래 Shaping the Future of Energy & Mobility를 선취하기 위한 시스템적인 계획"이라고 말했다.

제주도는 오는 2030년까지 모든 전력을 재생에너지로 생산하고 40만 대에 가까운 모든 차량을 전기차로 대체하는 목표를 세운 상태다. 이를 뒷받침하기 위해 스마트그리드 전면 도입과 대규모 에너지 저장 시설ESS 건설을 적극 추진하고 있다.

전기차의 경우 전국 전기차 절반 이상이 이미 제주도에서 운행되고 있다. 2016년 도입 목표인 전기차 4,000대를 초과 달성했다. 2017년에는 7,500대 정도를 추가로 들여올 예정이다. 스마트그리드는 이미 세계 최대 실증 단지를 구축한 상태다. 2030년까지 제주

그린 빅뱅을 추구하고 있는 제주도

도 전역을 스마트그리드 거점 도시로 조성하기 위해 2018년까지 13만 가구에 지능형 계량기AMI를 설치하고 29개 건물 에너지 관리 시스템BEMS을 구축할 계획이다.

제주도는 기존 에너지-교통 체제와는 전혀 다른 '새로운 산업 생태계New Industrial Ecosystem'를 구축하고 있다고 강조했다. 특히 제주도의 지형적 특성과 에너지 인터넷이라고 할 스마트그리드 시스템 고도화를 토대로 인공지능과 센서, IoT사물인터넷, 5G 등 자율주행자동차를 위한 최적의 환경 조성에 주력할 계획이다.

원 지사는 "2017년 스마트시티 국제회의 개최를 계기로 스마트 그린 시티 비전을 수립할 계획"이라며 "제주도의 그린 빅뱅은 4차 산업혁명과 직결될 것"이라고 말했다.

원 지사는 "2016년 다보스포럼 관계자들이 제주도 에너지 시스템 혁신 사례를 모범 사례로 주목하고 현장 답사까지 왔다"고 밝혔다. 그러면서 "다보스포럼 관계자들이 효율이 낮은 감귤원감귤농장 폐원지를 태양광 발전 시설로 바꾸고 전기차 보급률이 목표 대비 초과 달성된 것에 주목했다"고 말했다. 원 지사는 "제주는 기술과 인프라를 융합해 새로운 빅뱅을 창조하는 모델이 될 것"이라고 강조했다.

"대중은 좀 더 용감하고 대담한 리더십을 갈구"

도미니크 바튼
맥킨지앤드컴퍼니 회장

"시대가 바뀌었다. 대중은 좀 더 용감하고 대담한 리더십을 갈구하고 있다."

2017년 다보스포럼이 열린 다보스 벨베데레Belvédère 호텔에서 만난 도미니크 바튼 맥킨지앤드컴퍼니 회장은 한국에 대해 '대담한Bolder' 리더십을 주문했다.

탄핵 정국에 처한 국내 상황 등을 거론하며 혼란 극복을 위한 리더십을 묻는 질문에 바튼 회장은 "내가 정부 리더라면 더 용감하고 대담하게 행동할 것"이라고 잘라 말했다. 그러면서 바튼 회장은 "헌법 개정이든 뭐든 간에 모든 가능한 카드를 모두 테이블에 올려놓고 신속하게 결정한 뒤 실행에 옮기는 적극적인 리더십이 필요하다"고 덧붙였다.

일반적으로 사람들은 급격한 변화를 선호하지 않지만 혼란의 시기에는 대중이 지도자에게서 뭔가 확실한 것을 보고 싶어 한다고 바튼 회장은 진단했다. 방망이를 짧게 잡는 것보다는 크게 휘둘러야 대중이 실망하지 않을 것이라는 얘기다. 그러면서 최근 인기몰이를 하는 집단이 정치권 밖 아웃사이더들이라는 점을 눈여겨볼 필요가 있다고 조언했다.

바튼 회장은 "대중은 이제 변화를 절실히 원하고 있고 전통적인 방식에 도전하는 것을 보고 싶어 한다"며 "리더들이 기존 관행에 의문을 제기하기를 바란다"고 주문했다.

» **한국 탄핵 정국에 따른 정치적 혼란 때문에 그동안 힘겹게 쌓아 올린 국격과 평판이 훼손될까 봐 걱정스럽다.**

한국에 애정을 가지고 있는 사람으로서 최근 한국 상황이 슬프다. 집단적인 트라우마를 앓으면서 한국 국민들이 너무 자책을 심하게 하는 것 같다. 나 자신의 편견이 다소 담겨 있다고 볼 수도 있지만 그렇다 하더라도 해외에서 바라보는 한국에 대한 평판이 확 떨어질 것으로는 보지 않는다.

해외에서 바라보는 한국은 여전히 잠재력이 큰 국가다. 기술력과 창조성 그리고 무에서 유를 창조하는 능력, 바로 이런 것이 한국의 모습이다. 중국과 일본 사이에 끼어 넛크래커 신세가 될 것이라는 우려도 있었지만 한국 경제는 번영했다. 어려울 때 더 힘을 발휘하는 나라가 바로 한국이다. 현재 어려움에도 불구하고 앞으로 전진

할 것으로 본다.

» 한국에 규제가 너무 많아 네거티브 시스템을 도입해야 한다는 이야기가 많다

전적으로 동의한다. 안 되는 것을 빼고는 모두 다 할 수 있는 네거티브 시스템을 구축해야 한다. 한국인들에게 필요한 것은 규제보다는 더 큰 자유다.

» 브렉시트, 예기치 못한 트럼프 대통령 탄생, 이탈리아 총리 사퇴, 프랑스와 독일 정치 지형 격변 등이 숨가쁘게 진행되고 있다.

전 세계는 앞으로 상당한 난기류Turbulance 지대를 지나가야 할 것으로 보인다. 당분간 트럼프는 의사결정 과정에 영향을 주는 커다란 '스윙 팩터Swing Factor'가 될 것이다. 브렉시트가 전 세계에 영향을 미쳤지만 트럼프 대통령하 미국 경제와 지정학적 역할은 전 세계 국가들의 의사결정 과정에 막강한 파장을 미칠 것이다. 이에 따른 결과물은 매우 긍정적일 수도 있고 매우 부정적일 수도 있다. 나는 다소 낙관적이긴 하지만 파장의 폭은 이전에 비해 훨씬 커질 것이다.

인베스터 오크트리캐피탈 투자자로 30년 투자 경력을 가지고 있는 하워드 마크라는 사람이 있는데, 그간의 투자 경험으로 볼 때 지난 90년대 확률곡선Probability Curve은 변동 폭이 좁아 투자 수익 결과물이 예상치의 5% 안팎에서 움직였다고 한다. 그런데 2000년 들어 확률곡선이 평평해지면서 수익 변동 폭이 확대됐고 이제는 확률곡

선이 수평선에 가까워지면서 '모 아니면 도' 식으로 변동성이 극대화됐다고 한다. 투자 수익률 분포를 보여 주는 확률곡선에서 보듯 전 세계적으로 변동성이 커지고 있는 게 사실이다.

» 트럼프 대통령의 정책 리스크에 대한 우려가 많다.

유튜브에 25년 전 트럼프가 〈오프라 윈프리 쇼〉에 출연한 영상이 올라와 있는데 한번 볼 만한 가치가 있다. 동영상을 보면 얼굴이 현재보다 훨씬 젊은 트럼프가 나와 NATO_{북대서양조약기구}에 왜 미국이 비용을 대야 하느냐고 반문하는 한편 국제무역에 대해 반감을 드러내는 모습이 나온다. 젊은 트럼프의 생각이 현재와 똑같다는 점을 알 수 있다.

미국 대선에 나설 것이냐는 질문에 트럼프는 "내가 대선에 나서는 것은 미국이 최악의 상황에 처했을 때"라고 답변하고 있다. 트럼프는 다음과 같은 생각을 가지고 있다. "제기랄, 우리가 바로 미국인데. 이걸 왜 우리가 참아야 하지? 그리고 내가 누구_{대만 차이잉원 총통}와 통화하든, 무슨 이야기를 하든 어디 감히 간섭을 하느냐?"는 식이다. 거침없이 의견과 감정을 목소리를 높여 표현하는 것이 트럼프 스타일이다.

다소 흥미로운 점은 트럼프는 (보호무역주의, 신고립주의 등을 통해 국제적 이슈에서) 발을 빼면서도 미국에 엉겨 붙거나 방해하지 말라는 경고를 동시에 보내고 있다는 점이다.

» 트럼프 때문에 미디어가 곤혹을 치르고 있다.

미국을 대표하는 신문인 〈뉴욕타임스〉나 〈워싱턴포스트〉 모두 탁월한 저널리즘을 토대로 훌륭한 기사를 생산한다. 나도 애독자다. 하지만 과거에 비해 영향력이 떨어지는 상황에 직면했다. 트럼프가 미디어를 거치지 않고 트위터를 통해 5,000만 명과 곧바로 접촉하고 있기 때문이다. 트럼프 시각에서 기성 미디어는 엘리트 계층이다. 트럼프가 말하는 '우리 사람Our People'이 아니라는 얘기다. 트럼프는 무례할 정도로 미디어에 대한 반감을 숨기지 않는다.

미 대선을 2주 정도 남겨 놓은 시점에서 힐러리가 트럼프를 월등한 격차로 앞서고 있다는 여론조사가 나왔다. 이와 관련해 기자들이 트럼프에게 질문을 하자 여론조사는 모두 거짓말이기 때문에 믿지 말라고 했다. 자체적으로 트럼프 진영에서는 다른 데이터를 가지고 있었음이 확실하다. 트럼프는 비정상적crazy인 사람이 아니다. 본능적으로 대선 승리의 냄새를 맡았다고 볼 수 있다.

» 2017년 글로벌 경제를 전망한다면?

글로벌 경제 하방 압력이 적지 않지만 전체적으로 낙관적이라 본다. 미국 경제가 성장세를 지속할 것으로 기대한다. 글로벌 경제를 지탱하는 미국 경제 엔진이 조용했는데 이게 움직이기 시작하면 전 세계 경제에 미치는 임팩트가 클 것이다. 다만 트럼프발 무역 전쟁이 발발하지 않는 것을 전제로 한 전망이다.

"트럼프 시대에도 파리기후변화협약 이행은 흔들리지 않을 것"

프랭크 라이스베르만
GGGI 사무총장

"미국 트럼프 정부가 파리기후변화협약을 뒤집기에는 시간이 너무 늦었다. 시진핑 중국 국가주석은 이를 존중하겠다고 밝혔기 때문에 반드시 이행될 것이다."

GGGI글로벌녹색성장연구소를 이끌고 있는 프랭크 라이스베르만Frank Rijsberman 사무총장 말이다. 라이스베르만 사무총장은 2016년 10월, 4년 임기의 GGGI 사무총장으로 선임됐다. 2017년 1월 다보스포럼 참석차 스위스를 찾은 라이스베르만 사무총장은 "트럼프 시대에도 파리기후변화협약 이행은 흔들리지 않을 것"이라고 강조했다.

GGGI는 2010년 6월 동아시아기후포럼에서 비영리재단법인으로 공식 출범했다. 2012년 6월 UN 지속가능 발전 정상회의 기간 중 국제기구로 전환됐다. 한국이 주도한 국제기구라는 점에서 주목을 받았다. 현재 한국, 호주, 영국, 노르웨이, 멕시코, UAE, 태국,

베트남, 인도네시아, 덴마크, 헝가리, 에티오피아, 르완다, 세네갈 등 26개 국가가 가입했다.

파리기후변화협약은 전 세계 195개국이 참여해 탄소 감축에 나서기로 합의한 협약으로 2016년 11월 4일자로 발효됐다. 그러나 트럼프 미국 대통령은 "기후변화 관련 부담금을 안 내겠다"고 공언하는 등 버락 오바마 정부가 참여한 파리기후변화협약을 부인하는 언급을 여러 차례 했다.

라이스베르만 사무총장은 "시진핑 중국 국가주석이 다보스포럼에서 파리기후변화협약에 대해 '후세를 위해 짊어질 책임이며 협약 서명국들은 원칙을 지켜야 한다'고 강조한 부분에 주목해야 한다"고 강조했다. 그는 트럼프 대통령이 반드시 이 협약 이행에 나서야 한다고 간접적으로 촉구했다.

중국이 다보스포럼을 통해 자유무역을 강조한 것 이상으로 기후변화협약 이행 의지를 보인 것은 매우 이례적인 일이었다. 트럼프 시대 이전에 미국과 중국이 추구하던 입장과 정반대로 바뀐 셈이기 때문이다. 이를 두고 중국이 세계 질서 재편 과정에서 소프트 파워 주도권 경쟁에 나섰다는 평가가 나온다. 이렇게 중국이 나선 것이 불가피한 선택이라는 해석도 나온다.

라이스베르만 사무총장은 "베이징 공기 오염 등을 고려하면 중국의 탄소 감축은 피할 수 없는 선택"이라며 "처음이 어렵지만 어느 정도 수준에 오르면 중단할 수 없다"고 말했다.

라이스베르만 사무총장은 4차 산업혁명에 따른 기술 발전이 탄소 저감에도 큰 기여를 할 것으로 기대했다. 이와 관련해 라이스베르만 사무총장은 "교통 분야에서 청정에너지에 의한 파괴적 혁명이 일어날 것"으로 전망했다.

라이스베르만 사무총장은 "자율주행차 등으로 사람들이 자동차를 계속 이용하겠지만 탄소에 의존한 기존 교통수단은 사라질 수도 있다"고 진단했다. 또 "아부다비에서는 이미 PRT자율주행 무인궤도 자동차가 상용화됐다"며 "수년 내 사람들이 에너지를 바라보는 생각이 급속하게 바뀔 것"으로 전망했다.

라이스베르만 사무총장은 구글에서 프로그램 디렉터로 일하며 공간정보공학Geo-informatics 등을 연구했다. 공간정보공학이란 공간정보에 대한 빅데이터를 활용해 재해 예방 등 다양한 연구를 하는 분야다. 구글은 구글 맵을 통해 수집한 정보를 토대로 이런 연구를 하고 있다.

라이스베르만 사무총장은 구글에서의 경험을 통해 미래 변화가 생각보다 빠르게 다가올 수 있다고 전망했다. 그는 "10여 년 전 아이폰이 1,000달러 하던 시절에 구글은 50달러 스마트폰 시대가 곧 온다고 예고했다"며 "혁명적인 생각들이 에너지 시장을 급격하게 바꿀 수 있다"고 자신했다. 그는 "5~10년 뒤에 신재생에너지는 급격하게 비중이 커질 것"이라며 "앞으로 신재생에너지 비중을 60~80%로 바꾸려면 생각 자체를 바꾸어야 한다"고 강조했다.

라이스베르만 사무총장은 "코스타리카의 경우 신재생에너지 비중이 99%에 달하고 요르단 같은 나라도 35%에 이르지만 한국은 11%에 불과하다"며 "한국도 이 비중을 높여야 하며 신재생에너지에 대한 인식을 바꿔야 한다"고 진단했다.

GGGI는 국가 또는 지역 차원에서 개도국을 대상으로 녹색성장계획을 수립하고 이행하는 것을 지원하고 있다. 브라질, 캄보디아, 에티오피아, 인도네시아, 카자흐스탄, 몽골, 필리핀 등 20개국에서 34개 프로젝트를 추진 중이다. 페루 산림자원 지원, 에티오피아 녹색성장전략 발전 및 이행, 인도 카르나타 주 국가개발계획 강화, 멕시코 녹색성장계획 수립 등이 대표적이다.

GGGI가 에티오피아에서 벌이고 있는 활동도 모범 사례로 꼽히고 있다. GGGI는 에티오피아 정부와 함께 기후 회복을 위한 녹색경제전략을 수립하고 재정계획을 만들어 민간투자를 유치하는 활동을 할 수 있도록 돕고 있다. 이 계획의 일환으로 에티오피아 정부는 40억 달러를 지열 에너지 프로젝트에 투자한 바 있다.

다보스는 공인된 신분제 사회?

다보스포럼 참석자들 간에는 신분 등급이 존재한다고 해도 과언이 아니다. 일단 공식 초청자로 등록하는 것 자체가 매우 까다롭다.

그중에서도 '화이트 배지' 등급으로 참석해야 주요 행사에 참석이 가능하다. 매년 약 3,000여 개가 발급되는 화이트 배지 받기는 하늘에 별 따기다. 배지 종류에 따라 행사장 출입, 미팅 룸 이용, 행사장 식사, 라운지 이용, 주차장 이용 등 각종 서비스 이용이 차등화돼 있다. 화이트 배지 중에서도 홀로그램 이미지가 새겨진 배지는 국가정상, 국제기구 대표 등에게만 제한적으로 발급된다. 최고위 신분이다. 인도 카스트제도로 치면 브라만 계층이다.

세계경제포럼에 따르면 각 기업, 기관들은 세계경제포럼과 '파트너십'을 맺어야 다보스포럼 참석이 가능하다. 몇 차례 수정이 있었지만 현재 세계경제포럼이 운영하는 파트너십 등급은 크게 네 가지로 구분된다. 어소시에이트 파트너Associate Partner, 파트너Partner, 스트래티직 파트너 어소시에이트Strategic Partner Associate, 스트래티직 파트너Strategic Partner 등으로 마치 컨설팅 회사 직급 분류 같은 등급이 존재한다.

가장 낮은 등급인 어소시에이트 파트너가 되면 연간 약 18만 스위스프랑^약 _{2억 원}의 연회비를 내야 한다. 1월 다보스포럼에 참석할 수 있는 배지_{화이트 배지}는 단 하나만 주어진다. 여기에 다보스포럼 1인당 참가비로 2만 7,000스위스프랑_{약 3,000만 원}을 별도로 내야 한다. 세계경제포럼이 다보스포럼 외에 연중 운영하고 있는 시스템 이니셔티브, 지역별 이니셔티브, 커뮤니티별 행사 중 한 개 그룹에 속할 수 있다.

가장 높은 단계인 스트래티직 파트너의 연회비는 60만 스위스프랑_{약 6억 9,000만} _원이다. 이 등급이 되면 5명이 참석할 수 있는 배지가 주어진다. 국내 기업 중에는 SK, 한화 등이 이 등급을 유지하고 있다. 이 등급이 된다고 5명을 아무나 보내서도 안 된다. 성 다양성_{Gender Diversity} 원칙을 지켜야 하기 때문에 5명 중에 1명 이상은 여성을 포함해야 한다. 이 등급이 되면 6개 그룹 행사에 참여할 수 있다. 세계경제포럼 측은 "파트너 사는 엄정한 심사를 거쳐서 선정하기 때문에 돈을 낸다고 해서 모두 참석할 수 있는 것이 아니다"고 말했다.

짙은 파란색 배지는 세계경제포럼 정식 직원용이다. 옅은 파란색 배지는 행사기간 중 고용된 임시 직원용이다. 보라색 배지는 이벤트 등을 위해 외부에서 온 행사진행요원 등이 받는다. 초록색 배지는 국가정상, 국제기구 수장 수행인력들에게 발급된다.

언론 참석 허가 역시 까다롭기 이를 데 없다. 매경미디어그룹처럼 파트너십을 유지하고 있는 언론사가 아니면 참석 배지는 극히 예외적인 경우에만 허락된다. 취재 배지의 경우는 미디어 리더가 아닌 한 제약이 많이 따른다. '오렌지 배지'의

다보스포럼에는 유명 연예인들도 상당수 참석한다. 2017년 미디어 환영 리셉션에 참석한 미국 영화감독이자 배우인 포레스트 휘태커와 콜롬비아 출신 팝스타인 샤키라(왼쪽부터).
© 세계경제포럼

경우 일부 세션 행사 참석이 허용되지 않는다. 방송 카메라 기자용인 '테크니컬 배지'의 경우 취재 6시간 전에 취재 신청을 해야 하고 세계경제포럼 미디어팀 1명이 동행을 하면서 일거수일투족을 감시한다. 이것도 30분만 촬영이 허용된다. 이런 미디어 배지조차 발급받는 데 1~2개월이 소요된다.

　세계경제포럼 측은 다보스포럼을 가장 적극적으로 취재하고 알려온 매경미디어그룹의 공로를 인정해 지난 2016년 박봉권 〈매일경제〉 부장을 미디어 리더로 선정한 바 있다. 전 세계 언론인 중에 미디어 리더로 인정받은 사람은 100여

명 남짓이다.

이런 배지조차 얻을 수 없는 참석자들은 그야말로 행사 기간 중에 '인공위성'처럼 주변을 맴돌게 된다. 공식 행사에는 참석할 수 없지만 관련 업계 모임, 비공식 행사 참석, VIP 의전 등을 위해 다보스에 꼭 가야 하기 때문이다. 이런 사람들을 위해 세계경제포럼이 내놓은 별도 신분증이 있다. '호텔 배지Hotel Badge'가 바로 그것이다. 이 신분증으로는 콩그레스센터, LOFT 등 핵심 행사장 출입이 불가능하다. 그러나 아메론스위스마운틴호텔Ameron Swiss Mountain Hotel, 힐튼가든인Hilton Garden Inn, 인터콘티넨털InterContinental, 호텔시호프Hotel Seehof, 스타인겐베르거그랜드호텔 벨베데레Steigenberger Grandhotel Belvédère 등의 호텔을 출입할 수 있다.

세계경제포럼은 이 호텔 배지를 50스위스프랑약 6만 원을 받고 발급한다. 문제는 이런 호텔배지조차 아무에게나 발급하지 않는다는 점이다. 화이트 배지 등 공식 초청자에게만 호텔 배지 신청을 대행해 줄 권한이 부여되며 1인당 호텔 배지 대행은 2명으로 제한된다. 이렇게 추천을 받은 사람은 미국 비자 신청에 버금갈 정도로 까다롭게 개인 정보를 제출해야 심사를 거쳐 호텔 배지가 발급된다.

배지 문제뿐 아니다. 비공식적으로 열리는 소규모 프라이빗 행사들은 셀 수가 없을 정도이고 잘 알려지지도 않는다. 이런 행사에 얼마나 초대를 받는지가 다보스에서 신분 수준을 대변해 주는 셈이다.

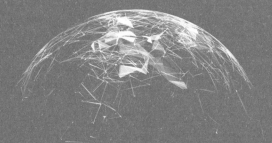

DAVOS REPORT

05

Beyond the 4th Industrial Revolution

4IR발
변곡점 맞은 세계

좌담회

스위스 다보스가
차보스 차이나+다보스가 됐다

,,

패널

주형환
산업통상자원부 장관

유정준
SK E&S 사장

신현우
한화테크윈 대표

김영훈
대성그룹 회장

조현상
효성 사장

정의선
현대기아차 부회장

강성모
전 KAIST 총장

이상엽
KAIST 교수

김상협
KAIST 교수

이근
서울대 국제대학원 교수

2017년 다보스포럼은 중국 물결로 뒤덮였다. 시진핑은 중국 국가주석으로는 최초로 다보스포럼에 참석해 기조연설을 하면서 전 세계의 주목을 받았다.

시 주석은 미국 트럼프 정부의 보호주의 회귀를 정면 비판하며 중국이 자유무역 수호자가 되겠다는 발언을 했다. 2017년 다보스포럼에 참석한 국내 재계·학계 리더들은 "이번 다보스포럼에서 중국이 미국을 넘어서는 소프트 파워를 보여 줬다"며 "4차 산업혁명 시대가 가속화되면 이 같은 추세가 더 심화될 개연성을 배제할 수 없다"고 진단했다.

시진핑 중국 국가주석(오른쪽)이 2017년 다보스포럼에 참석해 도리스 로이타르트 스위스 연방 대통령과 만나 상호 우호증진 방안을 논의했다.
ⓒ 세계경제포럼

다음은 다보스포럼에 국내 참가자들과 가진 결산 좌담회 내용이다. 사회는 위정환 〈매일경제〉 지식부장이 맡았다.

2017년 다보스포럼의 가장 큰 특징을 꼽는다면?

» **주형환** 4차 산업혁명이 제조업은 물론 여러 다양한 분야에 파급효과를 미칠 것이다. 제품 기획·생산·판매·소비·유통까지 다 봐야 한다. 때문에 기업별로는 중소기업을 어떻게 도와줘야 할지, 국가별로는 개도국은 어떻게 해야 할지 등을 세부적으로 논의해야 하는 상황이 됐다. 다보스포럼 현장에 와 보니 전 세계 국가·기업들이 이미 이런 세부적인 내용까지 논의하고 있는 것을 체감할 수 있었다.

» **유정준** 2017년 다보스포럼에는 그 어느 때보다 많은 참석자가 모였다. 세션마다 강연과 토론을 들으려는 인사들로 가득 찼다. 아무래도 세계 경제 질서 자체가 시계 제로 상황에 처한 데다 판이 새롭게 짜이는 국면에 접어들다 보니 미래를 가늠해 보려는 욕구가 커진 것으로 분석된다.

» **신현우** 다보스포럼 기간에는 업계별 커뮤니티 활동이 활발하다. 이번 포럼에서는 항공우주 업계 커뮤니티가 새롭게 결성됐다. 한화테크윈은 이번에 에어버스 등과 함께 이 커뮤니티를 결성했다.

4차 산업혁명 물결 속에서 불확실성이 커지고 있지만 항공우주 업계가 어떻게 공동으로 발전을 모색할지에 대해 진지하게 논의하게 될 것으로 기대한다.

» 강성모 세계 주요 대학 총장들도 별도 커뮤니티 모임이 있었다. 4차 산업혁명 변화 속에서 대학은 기초적인 연구를 더 강화해야 한다는 이야기가 있었다.

» 이상엽 다보스포럼 현장에서 각론에 대한 논의가 좀 더 많이 이뤄지면서 세부 기술들에 대한 논의가 많아졌다. 4차 산업혁명을 받쳐주는 기술이 있어야 한다는 점이 강조되면서 기술 분야 전시가 강화된 것도 한 특징이다.

» 이근 그간 다보스포럼이 어젠다 설정에 별로 성공적이지 못했지만 2016년에는 4차 산업혁명을 내세우면서 어젠다를 실제 프로젝트로 만드는 힘이 생긴 것 같다.

이번 다보스포럼에서 시진핑 중국 국가주석이 기조연설을 했는데 어떻게 봤나?

» **김영훈** 현재 글로벌 정세를 보면 과거 아편전쟁 생각이 난다. 난사 군도 갈등을 보면 지나친 해석일지 모르지만 아편전쟁처럼 발전할 가능성도 있다고 본다.

» **조현상** 이번 다보스포럼 주제가 '소통과 책임 리더십'이었는데, 시 주석이 현재 글로벌 리더라는 점을 보여 주려 한 것 같다.

» **이근** 이번 포럼을 계기로 트럼프 대통령이 완전히 고립되는 것 같다는 생각이 들었다. 시 주석이 자유주의 수호자를 자처하고 나섰다. 중국이 미국을 이기는 소프트 파워를 계속 보여 주는 한 해가 될 것 같다. 중국이 트럼프를 고립시켜서 미국을 자유주의 국제 질서로 돌아오게 할 것이다. 그 사이에 미국과 중국의 리더십에 역전이 생길 것 같다.

» **김상협** 글로벌 질서에서 역할이 교체되고 전도되는 '무질서_{Disorder}' 현상이 분명히 나타났다. 중국은 미국이 하고 싶어도 못하는 탄소배출권거래제와 관련해 미국보다 더 적극적인 모습을 보여 줬다. 중국은 배출권 거래에서 국제적 협력 제안까지 했다. 중국이 소프

트 파워에 눈을 뜬 것이다. 중국은 이미 전기차에서 세계 1위가 됐다. 중국이 전략적으로 갈 방향을 간파한 것이다. 미국은 일방주의에 갇혀 지내지 않을 것이고 다시 복귀하리라고 본다. 이런 가운데 한국은 고래 싸움에 새우 등 터지듯이 길을 잃을 수도 있다.

포퓰리즘에 대한 경고도 나왔다.

» **이근** 포퓰리즘에 빠진 정치인들은 다른 세계에 살고 있다는 지적이 많았다. 하층민, 기층민이 진실로 바라는 바가 무엇인지를 모르고 있다. 대의민주주의 세상이지만 '대의'가 빠진 세상이 됐다.

» **강성모** 세상이 이렇게 빨리 변화하고 있지만 정치인은 따라오지 못하고 있다. 국회의원들은 다음 선거에만 관심이 있다. 일본 정부는 외국인들이 영주권 취득에 필요한 일본 내 거주 기간을 5년에서 1년으로 단축한다고 한다. 우리도 이민 정책을 어떻게 펴 나갈지 고민해야 한다.

2016년에는 4차 산업혁명을 화두로 내세웠는데 2017년에는 어떤 변화가 있었나?

» **정의선** 자율주행차가 본격 보급되면 보안을 우려하는 사람도 있

다. 우리는 차를 타면 통신 보안을 할 수 있는 이른바 '실드Shield 차'를 개발 중이다. 그 수요가 많을 것이다.

» **김상협** 클라우스 슈밥 세계경제포럼 회장이 2015년 9월 KAIST에서 명예박사 학위를 받으며 한 연설에서 4차 산업혁명 구상을 구체화했다. 하지만 한국이 이런 변화의 중심에서 보이지 않는 것이 아이러니하다. 자동차 업계 관계자들이 디트로이트 모터쇼는 안 가도 국제가전전시회CES에는 가야 하는 세상이 됐다. 자동차는 이제 커다란 스마트폰이 될 것이다. 바퀴가 달린 미래 오피스가 된다. 커뮤니케이션 도구로 21세기에 가장 체감되는 발전이 스마트폰이라면 앞으로는 인공지능이 결합된 자율주행차, 전기차가 뉴 모빌리티로 인간의 삶을 크게 바꿀 것이다.

» **이상엽** 시스템 이니셔티브를 통해 여러 분야별로 세부 논의가 발전할 것이다. 2017년은 4차 산업혁명을 구체화하기 위해 '소통과 책임 리더십'이라는 주제가 설정됐다. 바이오테크 분야에서도 구체적인 거버넌스 논의가 시작됐다.

마이크로소프트가 개발한 홀로그램을 활용해 인체 3D 해부 체험을 해 보면 마치 인체 안에 들어가서 보는 듯한 느낌이 든다. 현재 테스트 버전 가격은 3,000달러라고 하는데 곧 300~500달러 제품이 나오고 100달러까지 내려갈 것으로 예상된다. 우리나라도 준비가 있어야 한다.

» **김상협** 자율주행차 등이 상상 속에 존재하는 게 아니라 빨리 다가
오는 세계라고 느끼게 됐다. 에너지 교통 분야는 뉴 모빌리티, 뉴
에너지 시스템으로 바뀌고 있다. 기존 앙시앵 레짐_{구체제}이 신체제
로 빠르게 바뀌고 있다. 변화가 워낙 빠르다 보니 일말의 불안감도
보인다.

기본소득 논의는 어떻게 봐야 하나?

» **이근** 기본소득 논의는 실리콘밸리에서 시작됐다. 과도한 사회보
장을 없애는 대신 기본소득을 갖고 소비하라는 취지였다. 국내 대
선을 앞두고 논의되는 기본소득 개념과는 포인트가 다르다.

» **김상협** 4차 산업혁명 보고서를 경제적으로는 대량실업보고서로
보기도 한다. 인공지능 기계 등에 일자리를 뺏기는 것을 두려워
하는 분위기도 있다. 기본소득에 대한 논의에는 이런 배경도 작
용했다.

상상을 초월하는 다보스 물가

"일주일 렌트비가 3,000만 원이라고요?"

다보스포럼 취재진은 처음에 귀를 의심했다. 다보스포럼 기간 중에 안 그래도 비싼 스위스 물가가 천정부지로 치솟는다는 말은 귀가 따갑게 들어 왔다. 하지만 이 정도일 줄은 몰랐다. 국내 한 대기업이 다보스포럼 기간 중 빌린 3베드룸 아파트 렌트비 수준이 3,000만 원이다. 다보스 집주인들은 이렇게 일주일 동안 고액의 렌트비를 받고 남유럽 등지로 여행을 떠난다고 한다.

매년 1월 스위스 시골 마을에 전 세계 VIP들이 몰려오다 보니 다보스 물가는 심각한 수급 불균형으로 '부르는 게 값'인 시장으로 바뀐다. 특히 호텔에서는 심각한 수급난이 벌어진다.

세계경제포럼은 공식 초청자들에게 내부 기준에 따라 호텔을 임의 배정한다. 3개 정도 호텔 옵션을 주고 선택하게 하는데 나름대로 선정한 VIP 등급에 따라 최고급 호텔부터 차상위 호텔 순으로 배정한다. 이렇다 보니 자국에서는 상당한 영향력을 갖고 있는 인사도 다보스에서는 모텔급 여관에 투숙하는 일이 비일비재하다. 다보스에 40∼50개의 호텔이 있다지만 약 2만여 명에 달하는 참가단을

다보스 인근 스키 리조트를 오르내리는 케이블카. 다보스는 세계적인 스키 휴양지로 전 세계에서 스키 관광객들이 몰려온다.

수용하는 것 자체가 물리적으로 불가능하기 때문이다.

평소에 1박에 20～30만 원 정도 하던 3～4성급 호텔 숙박료가 3～5배 정도로 오른다. 포럼 기간 중 2～3일만 참석하더라도 5일치 숙박비를 모두 요구하기도 한다. 이것도 포럼 시작 2～3개월 전에 예약과 결제를 모두 마쳐야 하는 조건이다. 이런 까닭에 정기적으로 참석하는 사람들은 몇 달 전부터 아파트나 민박집을 알음알음 구한다. 여러 명이 단체로 합숙 생활을 하기 위해서다. 또는 차로 20～30분 거리에 있는 클로스터 지역에 숙소를 잡는 경우도 많다.

국내 참석자 중 일부는 1월 행사에 임박해 참석이 결정되면서 호텔을 구하는 데 애를 먹었다. 다보스 중심부에 있는 한 호텔은 1박당 200만 원가량을 요구했다. 아니면 기차로 1시간 정도 떨어진 란드콰르트에 있는 숙소에서 왕복을 해야 하는 상황이었다. 란드콰르트 역시 싸지 않기는 마찬가지인 데다 기차 왕복 요금 역시 무시할 수 없는 수준이어서 미리 준비하지 않으면 진퇴양난에 빠진다.

그렇다면 '에어비앤비'가 구세주가 될 수 있을까? 순진한 생각이다. 민박집 렌트비 역시 다보스포럼 기간에는 숫자를 잘못 본 것이 아닌가 싶을 정도로 가격이 올라간다.

호텔뿐만이 아니다. 수천 명의 VIP들이 움직이다 보니 차량 렌트비 역시 가격이 상식선을 넘어선다. 다보스에서 약 2시간 거리인 취리히공항에서 다보스까지 기사가 딸린 세단을 이용하려면 편도에 약 1,200~1,500스위스프랑약 140~170만 원, 아우디 A6 세단 기준을 내야 한다. 이 때문에 이 시즌에는 남유럽, 동유럽 국가에서 한탕 장사를 하려는 기사들이 몰려든다.

이름 있는 식당을 예약하려면 가격과 조건에 입이 벌어진다. 일단 2~3개월 전부터 간곡하게 요청을 해야 한다. 좀 인기가 있는 식당은 12월 말까지 예약 컨펌을 해 주지 않는다. 혹시 식당 전체를 빌리겠다는 단체 예약이 있을 수 있기 때문이다.

거의 유일한 고급 중식당인 '골든드래곤Golden Dragon' 등은 식당 예약 서류가 마치 부동산 계약서를 연상시킨다. 깨알 같은 단서 조건들 때문이다. '예약 부도 No Show'를 내면 1인당 약 100스위스프랑약 11만 5,000원의 위약금을 내야 한다는 내용 등이 자세히 쓰여 있다. 8명으로 예약하고 6명만 가면 2명에 대해서는 위약금을 내야 하는 조건이다.

식당들은 예약을 하려면 계약서에 사인을 해서 신용카드 번호를 함께 보내라고 다그친다. 신용카드 번호를 보내면 보증금부터 승인을 낸다. 이렇게 '울며 겨자 먹기'로 예약을 하고 가면 메뉴는 슬그머니 '시즌 메뉴'로 둔갑해 있다. 1인당 최소 100스위스프랑 이상이 들지만 과연 그 정도를 지불할 음식인지는 고개가 갸우뚱해진다. 다보스포럼 기간 동안만 판매하는 스페셜 메뉴라고 하면서 바가지 상술을 쓰는 것이다. 시장 수급에 따른 자연스러운 결과라고 하기엔 과하다는 생각이 든다. 이런 곳이 다보스다.

소통과 책임 리더십

주형환
산업통상자원부 장관

눈 덮인 조용한 스위스 마을 다보스. 2017년도 어김없이 3,000여 명의 글로벌 리더들이 모였다. 자유무역과 세계화의 중요성을 역설한 시진핑 주석의 기조연설로 시작된 2017년 포럼의 주제는 '소통과 책임 리더십Responsive and Responsible Leadership'. 4차 산업혁명, 포퓰리즘, 보호무역, 기후변화 등 세계 경제가 직면한 불확실성을 소통의 리더십, 책임 있는 리더십으로 극복하자는 뜻이다.

4차 산업혁명 대응 전략을 논의하는 '제조의 미래 이사회' 이사 자격으로 참가한 필자는 한국의 유일한 정부 각료로서 책임감을 갖고 각 세션은 물론 회의장 곳곳을 누비며 경제 외교를 펼쳤다.

우선 '제조의 미래 이사회'에 지정토론자로 참여해 규제와 일자리 문제를 4차 산업혁명의 두 가지 핵심적인 제약 요인으로 제시했다. 한국 정부의 대응 사례와 같이 네거티브 방식의 과감한 규제 개혁, 비교 우위 분야에 대한 R&D·인력·인프라 등의 집중 지원, 다양한 공급 기업과 수요 기업, 금융기관 간 융합 플랫폼 구축, 더 나아가 실업급여 체계, 근로자 재교육 등 기존 일자리 대책의 근본적인 개편 필요성을 강조해 많은 참석자들의 공감을 얻었다.

'제조의 미래-지역 전략 모색' 세션에서는 4차 산업혁명 시대 개도국 성장을 지원하기 위한 대책으로 메가 FTA를 통한 지역 통합 가속화, 전자 상거래 국제 규범 조기 정립, 4차 산업혁명 관련 기술의 개도국 확산과 함께 사이버 평화유지군 창설도 제안해 큰 호응을 얻었다. 미국 신 행정부에 참여하거나 자문하는 주요 인사들이 참석한 '세계경제지도자회의IGWEL'도 트럼프 행정부의 정책 방향을 이해하는 데 많은 도움이 됐다.

세계경제포럼 측은 한국의 4차 산업혁명 관련 정책 방향을 높이 평가하며 현재 진행 중인 국가별 대응 역량 평가 시 우리나라를 사례연구 대상에 포함해 다른 나라들이 벤치마킹할 수 있도록 하고, '스마트 공장 1만 개 보급사업' 등을 통해 중소기업을 4차 산업혁명의 주역으로 적극 육성 중인 한국이 중소기업 분야의 '챔피언일종의 명예대사'을 맡아 향후 국제 연구와 논의를 주도해 줄 것을 요청했다. 또 2017년 우리나라에서 세계경제포럼과 공동으로 '4차 산업혁명과 제조의 미래'를 주제로 한 포럼도 개최하기로 합의했다. 4차 산업혁명에 대한 글로벌 프레임워크 논의에 한국이 주도적으로 참여할 수 있는 확실한 계기를 마련했다고 자평한다.

주요국 정상, 각료, 국제기구 수장, 글로벌 기업 CEO 등 세계에서 가장 바쁜 사람들이 해마다 다보스에 운집하는 이유는 가장 '시간 효율적Time-effective'으로 네트워킹을 할 수 있기 때문이다.

몽골 대통령, 베트남 총리, 러시아 부총리, 브라질·아르헨티나·멕시코·사우디·인도·필리핀·이집트·케냐 등 각국 장관들, 미주개발은행·아프리카개발은행·아시아인프라투자은행 등 국제기구 수장들과의 산업·통상·에너지 현안 논의가 끝없이 이어졌다. 브라질·아르헨티나와 한-MERCOSUR메르코수르 FTA 협상을 상반기 중 개시하기로 합의하고, 멕시코와의 FTA 협상도 조기에 재개하기로 하는 등 성과도 많았다. 다보스포럼 기간에 개최된 WTO 통상장관회의에서는 보호무역주의 확산에 대응하기 위해 WTO 체제 강화가 중요하며 2017년 말 11차 각료회의에서 구체적 성과 창출이 필요함을 강조했다.

지멘스·솔베이 등 글로벌 기업 CEO들과도 만나 미래 기술에 대한 협력, 대한對韓 투자 확대 등을 요청했다. 이른 아침부터 시작되는 세션들 중간에 길고 짧은 회동을 이어가다 보면 어느새 하루해가 저물었다.

최근 국내 상황에 대한 우려를 불식하는 데도 많은 노력을 기울였다. 한국 정부의 정책은 한 치의 흔들림이 없고 향후 제도 선진화, 기업 투명성 제고 등 경제 체질 강화의 계기가 될 것이라고 적극 설명했다. 포럼에 참석해 종횡무진 활약한 우리 기업인·언론인·학계도 큰 힘을 보탰다. 이번 다보스포럼은 글로벌 리더들과 함께 세계 경제를 한 걸음 더 진전시키기 위한 서로의 지혜와 통찰력, 경험을 나눈 더없이 소중한 시간이었다.

4차 산업혁명,
미래 지향 리더십이 필요하다

원희룡
제주도지사

"한국은 세계 경제와 산업 미래에 대한 대책을 어떻게 진행하고 있는가?", "한국 기업들은 대책을 갖고 있는가? 한국 정치와 기업 상황은 괜찮은가?"

2017년 다보스포럼에서 만난 각국 정치 지도자들과 기업인들에게 받은 한결같은 질문이다. 이전까지만 해도 대한민국의 발전과 미래를 향한 움직임에 관심이 높던 이들이 우리를 걱정스럽게 바라봤다. 과연 대한민국은 4차 산업혁명 시대를 대비하고 있는가?

다보스포럼에 참석하게 된 것은 '제주의 그린 빅뱅'을 한국의 주요 사례로 발표하고 논의해 달라는 공식 초청에 의해서다. 총 3개 세션에 주제 발표자와 패널로 참가했다. 각각의 주제는 '전기 시스템에서 발휘되는 4차 산업혁명의 힘', '파워링 모빌리티', '리더십 구축'이다. 각국의 정·재계 주요 리더들과 함께 글로벌 이슈와 전망을 고민하면서 세계 경제 질서의 재편 속에서 우리의 미래를 가늠해 볼 수 있었다.

이번 다보스포럼에서는 경제적 불평등과 사회 양극화, 이를 극복하기 위한 '소통과 책임 리더십'에 대한 큰 주제도 있었지만 산업별 4차 산업혁명의 영향을 분석하고 해결책을 모색하는 세계 각국의 움직임을 구체적으로 읽을 수 있었다.

앙겔라 메르켈 독일 총리는 독일의 소위 '1등 기업'이라고 불리는 10여 개 대표 기업 총수들과 무제한 워크숍을 가졌다고 한다. 이들은 미국 트럼프 시대를 맞아 유럽의 환율, 국경 전쟁 등에 어떻게 대처할 것인지 난상토론하고 협력 사항들을 정했다. 토론하는 가운데 메르켈 총리는 기업에 '이렇게 경쟁력을 키우라'는 비전도 제시하고 기업의 경쟁력을 키우기 위해 국제적 차원의 대응 방안도 논의했다.

세계는 머지않아 인공지능 기술과 정치의 융합에 따른 새로운 정치공학 시대를 맞이해 긴박하게 돌아가고 있는데 지금 대한민국 정부와 정치권은 무엇을 보고 있는지 답답하다. 대통령을 준비하는 차기 주자들과 우리 정당들은 과연 세계 질서와 미래에 대해 얼마만큼 대책을 논의하고 있는지 돌아봐야 한다. 이 때문에 재계와 전문가들 사이에서는 "4차 산업혁명 시대, 한국만 소외되고 있다"는 우려의 목소리가 나온다.

하지만 한국에도 희망은 있다고 말하고 싶다. 그 중심에 제주도가 있다. 이번 다보스포럼에서 발표한 내용은 제주가 추진하고 있는 '카본 프리Carbon-free' 아일랜드 조성과 '그린 빅뱅' 사업이다. 제주의 그린 빅뱅 전략은 기후 에너지 시대, 4차 산업혁명 시대를 맞이해 에너지와 교통을 망라한 새로운 산업 생태계 조성을 위한 시스템 전략이다.

2030년까지 모든 전력을 신재생에너지로 생산하고 40만 대에 가까운 모든 차량을 전기차로 대체하는 목표를 세웠다. 이를 뒷받침하기 위해 스마트그리드의 전면적 도입과 대규모 에너지 저장 시설을 적극 추진하는 것이다. 이 전략은 한국이 추진하고 있는 에너지 신산업 정책의 대표 사례이기도 하고 4차 산업혁명을 선도할 글로벌 쇼케이스로 가능하다.

제주도에서의 그린 빅뱅 사업은 쉽지 않은 과정을 거치고 있다. 기술 변화뿐만 아니라 이를 구체화하는 공동의 모색을 위한 각 행정과 정치, 경제주체 간의 신뢰와 협력이 없다면 여기까지 오지 못했을 것이다. 더욱이 이러한 제주의 사례를 대한민국의 미래로 만들기 위해서는 국민의 역량을 미래 지향적으로 모을 리더십이 필요하다. 추락하는 경제와 양극화되고 있는 민생, 4차 산업의 도전과 대량 실업 위협에 이르는 산적한 난제들을 해결하기 위해서는 '협력의 리더십'이 어느 때보다 절실하다.

경제의 크기보다
'성장의 질' 주목하는 세계

김영훈
대성그룹 회장

2017년 다보스포럼은 도널드 트럼프 미국 대통령 취임과 개최 시점이 겹친 데다 주제도 '리더십'이어서 마치 사전에 모든 상황을 예측하고 치밀하게 기획한 것처럼 드라마틱한 측면이 있었다. 시진핑 중국 국가주석이 기조연설을 함으로써 상황은 더욱 극적으로 전개됐고 세계의 눈은 다보스로 모아졌다.

다보스포럼 데뷔 무대에서 세계화의 수호자를 자처하고 나선 시진핑 주석의 기조연설은 그간 선진국들이 주도해 온 세계화의 가장 큰 수혜국이 세계화 흐름에 수동적·방어적 태도를 보인 중국을 비롯한 신흥국들이었음을 명확하게 보여 주는 극적인 장면이었다.

2008년 세계 경제 위기 이후 글로벌 경제가 저성장의 늪에서 헤어 나오지 못하고 있는 가운데 트럼프 대통령이 보호주의 정책을 천명함에 따라 다보스에서는 세계화의 위기, 나아가서 세계 경제 위기로 이어질 수 있다는 우려가 쏟아졌다. 세계은행의 이코노미스트인 담비사 모요는 이 같은 다보스 분위기를 가장 잘 요약했다. 그는 "글로벌 경제 침체는 세계화 때문이 아니라 세계화가 충분히 이뤄지지 않았기 때문"이라며 "보호주의의 유혹을 이겨내지 못한다면 글로벌 경제는 더욱 큰 위기에 직면할 것"이라고 말했다.

세계화 논쟁과 함께 이번 다보스포럼에서 매우 비중 있게 다뤄진 핵심적인 주제가 '만성적인 저성장과 심화하는 불평등' 문제, 그리고 이에 대한 해법 찾기가 아니었나 생각한다. 수많은 세션에서 이들 문제에 대한 심도 있는 분석과 다양한 해법이 제시됐지만 '실버불릿서구 전설에서 늑대 인간, 악마 등을 격퇴할 때 쓰이는 무기' 같은 시원한 해결책은 찾아보기 힘들었다.

2016년 OECD 회원국들의 평균 GDP 성장률은 1.7%에 불과했는데 앞으로 상당 기간 이 같은 저성장 기조는 크게 변화가 없을 것이라는 전망이다. 경제성장이라는 파이 자체가 커지지 못하는 상황에서 중산층과 저소득층의 실질소득이 감소하고 불평등이 더욱 확대된다면 사회 안정도 위협받을 수밖에 없을 것이다. 그렇다면 선택할 수 있는 유일한 대안은 성장의 크기나 속도가 아닌 성장의 질에 좀 더 초점을 맞추는 것이 아닐까 한다.

세계경제포럼도 이런 시각에서 이번 다보스포럼 개막에 즈음해 〈2017 포괄적 성장과 발전 보고서〉를 발표했다. 흥미로운 점은 다소 추상적인 개념이었던 국가별 포용적 성장 수준을 구체적 수치로 계량화하기 위해 평가지표를 개발해 발표했다는 점이다. 평가

항목은 1인당 GDP, 노동 생산성, 고용률, 가계소득, 빈곤 인구 비율 등 성장 및 분배 관련 항목들에다 공공 부채, 탄소 집약도 등 사회 환경과 관련한 항목까지 망라됐다. 이 평가지표에 따르면 우리나라는 세계 14위로 1인당 GDP만으로 평가했을 때보다 순위가 높았다.

흥미로운 점은 1인당 GDP가 우리보다 높지만 높은 빈곤율, 확대되는 공공 부채, 인구 구조의 악화, 높은 실업률 등으로 사회 불안 요소가 많은 프랑스18위, 미국23위, 일본24위 등 선진국들이 우리나라보다 낮은 평가를 받았다는 점이다.

이 보고서는 한국이 OECD 최저 수준인 여성의 경제활동 참여율과 낮은 청렴도 등 몇 가지 경제·사회적 여건을 개선할 경우 성장 잠재력을 끌어올릴 여지가 있다는 주석을 달았다. 이 같은 경제·사회적 여건 개선은 개개인 삶의 만족도를 높여 사회 안정에 기여하는 효과가 있다.

이제는 경제의 크기도 중요하지만 그 이상으로 중요한 성장의 질을 고려한 포용적 성장으로 시각을 확대해야 하지 않을까 생각한다.